「疲れたら休む　休める　休ませる」を実現するために

職場の疲労対策のヒント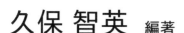

久保 智英 編著

松元 俊・池田 大樹・井澤 修平・西村 悠貴・木内 敬太

中央労働災害防止協会

はじめに

　この本を手に取り、ページを開いてくれた方に御礼申し上げます。本書は働く人々の疲労をテーマに、国内外の研究でこれまで得られた知見とともに私たちの知識と経験を踏まえて、産業保健スタッフの方々に向けて職場の疲労の問題の改善に役立てていただきたいという願いを込めて執筆したものです。

　働く人々の疲労は私たちの仕事や生活に密接に関わっていて、誰しもが経験するものです。しかし、よくよく考えると「働く人々の疲労とは何か？」という問いに答えることは大変、難しい問題です。

　働く人々の疲労には少なくとも3つの表現型があります。それは「疲れたなぁ」という訴えに代表される「心理的な疲労」、作業スピードの低下やミスやエラーが頻発するようになる「行動的な疲労」、生体内の変化として現れる「生理的な疲労」です。これら3つは深く関わり合いながら変化するものですが、私がこれまで行った調査や実験の経験上、大体、一致した変化を示さないことの方が多いです。また、心理的な疲労は仕事に対する認知的な評価でも変化します。例えば、仕事に行く前でも、嫌な仕事をしないといけないことを想像しただけで疲れてしまいますし、逆に大変な仕事が終わった後でも、その成果を上司や同僚、顧客から褒められれば心理的な疲労は軽減します。

　このような厄介な性質を持った働く人々の疲労ですが、その重要な役割の1つとして「もうこれ以上働かないで、休んで！」という私たちの身体を守るためのブレーキにもなっています。その身体からの重要なメッセージを無視し続けて働くことは、疲労が過労にシフトして回復することが難しい状態に陥り、健康や安全、生活の質も低下することになってしまいます。したがって、疲労と上手に付き合うことは私たちの仕事や暮らしをより良いものにする上で、とても大切です。少々、厄介な人生のパートナーというところでしょうか？

　本書ではあえて「働く人々の疲労とは何か？」という問いに対する答えを示してはいません。なぜなら、疲労の本体が明確になることと、職場での有効な対策を見つけることはイコールではないからです。つまり、「働く人々の疲労とは何か？」がわからなくても、有効な対策は打てるからです。そのような意味で、働く人々の疲労の研究、産業疲労研究は対策重視の実践科学なので、本書では職場での対策のヒントを散りばめたつもりです。

そして、その対策はシンプルに休むことに尽きます。エナジードリンクとか、サプリなどではありません。疲労回復に最も重要なことは休むことです。本書の中ではそれを「労働者の疲労回復3原則」として、個人、集団、社会のレベルでの対策や、それを職場で実践するためのヒントについて紹介しています。

　本書で紹介した内容には「そうは言ってもね…」という今すぐ実現できない「理想」が語られていることも承知していますが、今、難しくても理想を追わなければ未来は変わらないということも事実です。したがって、今すぐどうこうということではなく、一歩が無理なら半歩でも職場の疲労問題の改善を前に進めるための手助けができれば幸いです。

　2025年3月

久保　智英

もくじ

はじめに ……………………………………………………………………………… 2

第1章　疲労と過労 ……………………………………………………………… 7
    1　疲労の質の変化・8
    2　休むことで回復する疲労：疲労の可逆性・8
    3　疲労は休息と密接に結びついた現象・8
    4　疲労は悪者なのか？・10
    5　過労の定義・10
    6　さまざまな過労症状・11

第2章　過労はなぜ危険？ ……………………………………………………… 13
    1　改めて「過労とは何か？」を考えると、とても難しい問題・14
    2　過労状態は過労した本人だけではなく職場全体のリスク・14
    3　社会的な価値基準に照らし合わせた過労状態・14

第3章　過重労働になりやすい働き方 ………………………………………… 19
Ⅰ　長時間労働の影響 ………………………………………………………… 20
    1　労働者の疲労の原因は？・20
    2　長い時間働くことで、なぜ疲れるのか？・21
    3　長時間労働の健康影響・21
    4　長時間労働による影響は労働者の特性によって異なる・22
    5　過労死ラインで働くことは徹夜状態と同じ疲労度・23
    6　見えてきた過労死のメカニズム・24

Ⅱ　不規則勤務（夜勤・交替制勤務など）の健康・安全への影響 ………… 26
    1　不規則勤務者の健康・26
    2　不規則勤務トラックドライバーと健康・26
    3　夜勤・交替制勤務者の疾病発症および事故のリスク・28
    4　不規則勤務者の睡眠、眠気、疲労・29
    5　早朝勤務者の健康と安全・29
    6　クイックリターンと睡眠・30

Ⅲ　勤務間インターバルが短い勤務 ………………………………………… 32
    1　勤務間インターバルとは・32
    2　短い勤務間インターバルの悪影響・33

Ⅳ　勤務時間外における仕事の連絡 ………………………………………… 36
    1　勤務時間外の仕事の連絡の悪影響・36
    2　働き方による影響の違い・37
    3　連絡手段による影響の違い・38

V　職場におけるハラスメントと疲労リスク管理 ………………………… 39
　　1　職場におけるハラスメントの問題点・40

VI　セルフモニタリングと疲労リスク管理 ………………………………… 43
　　1　セルフモニタリングの重要性・43
　　2　セルフモニタリング能力に影響する要因・43

第4章　疲労回復で重要なこと ……………………………………… 47

I　仕事から心理的に離れる ……………………………………………… 48
　　1　サイコロジカル・ディタッチメントの重要性・48
　　2　リカバリー・パラドックス・49
　　3　DRAMMAモデルと効果的な余暇の過ごし方・50
　　4　DRAMMAモデルの活用方法・52

II　睡眠のとり方 ………………………………………………………… 53
　　1　睡眠の量・質・規則性から考える適切な睡眠・53
　　2　適切な睡眠をとるための働き方・休み方・55

III　レジリエンスとワーク・エンゲイジメント ………………………… 57
　　1　レジリエンスの定義と特徴・58
　　2　レジリエンスを高めるアプローチ・58
　　3　ワーク・エンゲイジメントの定義と要素・59
　　4　ワーク・エンゲイジメントを高める方法・59

第5章　疲労リスク管理 ……………………………………………… 61

I　労働者の疲労回復3原則とは？ ……………………………………… 62
　　1　働く人々の疲労回復に重要なこと・62
　　2　原則1「疲れたら休む」・63
　　3　原則2「疲れたら休める」・63
　　4　原則3「疲れたら休ませる」・64

II　労働者の疲労の測定方法 …………………………………………… 66
　　1　労働者の疲労を測る意義・66
　　2　職場で活用できる疲労指標・66

III　疲労の生理学的評価法 ……………………………………………… 72

IV　疲労蓄積度自己診断チェックリストの活用 ………………………… 76
　　1　旧版の開発経緯・76
　　2　新版の開発経緯・78
　　3　新版の課題：過労の認知的不協和・79
　　4　集団的な疲労を問題にして職場環境改善・81
　　5　家族版のチェックリストの活用・82

V　過労徴候しらべ ……………………………………………………… 84
　　1　過労死の前駆症状を活用して作成した調査票・84
　　2　過労徴候しらべを使った調査・86

VI 勤務間インターバル制度 …………………………………………………… 88
1 EU諸国における勤務間インターバル制度の内容・88
2 日本の勤務間インターバル制度の原型・89
3 勤務間インターバルが11時間であるエビデンスは？・90
4 勤務間インターバルと疲労回復の関係・90
5 1日11時間の勤務間インターバル制度の意味は「最後の砦」・92
6 勤務間インターバル制度を日本に根付かせるために・93

VII 「つながらない権利」 ………………………………………………………… 95
1 あなたなら、どうしますか？ 勤務時間外のメール・95
2 「つながらない権利」という考え方・96
3 勤務間インターバル制度がヨーロッパで形骸化してきている？・96
4 働く人々の疲労回復に重要なことは？：勤務時間外には物理的にも心理的にも仕事の拘束から離れること・97
5 「勤務間インターバル制度」と「つながらない権利」はセットにして初めて効果が発揮される・99
6 勤務時間外での仕事メールは一律に規制すべきなのか？：セグメンテーション・プリファレンス・100
7 オフでも仕事をしたい派をどうするか？：疲労の見える化が重要・101
8 絵に描いた餅にならないように：実態を踏まえた「つながらない権利」の導入方法・101

VIII 交替制勤務のシフトスケジューリングで配慮すべき点 ……………… 103
1 ガイドラインの必要性・103
2 数値基準のある交替制勤務スケジュールガイドライン・105
3 交替制勤務スケジュールへの介入効果・105
4 交替制勤務とは異なる不規則勤務の問題点・107
5 勤務スケジュールの導入プロセスの重要性・107

IX 職場の疲労カウンセリング …………………………………………………… 110
1 技術革新の歴史から：働き方、暮らし方は想像以上に早く変化している・110
2 職場での自主対応の重要性：ローベンス報告と参加型改善・111
3 職場の疲労カウンセリングとは？・112
4 職場の疲労カウンセリングの実践事例・113

おわりに ……………………………………………………………………………… 118

第1章

疲労と過労

労働者の疲労は休息欲求の現れでもあるので、適切に付き合うことで回復困難な過労状態にシフトすることを防ぐことができます。

第1章 疲労と過労

1　疲労の質の変化

　皆さんは自分の疲れが以前とは違い、回復しにくくなっていると思うことはないでしょうか？　確かに加齢によって疲れやすくなるということもありますが、別の原因が指摘できます。それは"働き方の大きな変化"です。働く人々の疲労は、情報通信技術（ICT）が今のように普及する前は、職場から離れれば比較的、回復しやすいものでした。しかし、ICTが発達した今、全世界的に職場を離れても、いつでもどこでも仕事につながってしまう「Always-on work」の社会になっています。それに伴って、私たちの疲労の質も身体的なものから精神的なものに変わり、他者からは見えにくく、かつ回復が難しくなっている現状があります。

2　休むことで回復する疲労：疲労の可逆性

　働く人々の疲労は金属の疲労と異なって、回復するという性質（疲労の可逆性）を持っています。つまり、仕事による負荷の影響がそのまま体内に蓄積され続けていくのではなく、日々の生活の中で疲労状態が進んでいったとしても、再び、元の状態に戻る、そのような循環を描いて変化する性質を持っています。

　では、どのようなときに働く人々の疲労は回復するのでしょうか？　病気による疲労は除きますが、基本的には休むこと、つまりは活動（仕事）から離れることで回復に向かうと考えられています。具体的には勤務中の休憩や休息時間、勤務後の余暇時間や睡眠によって、個人差もありますが、疲労は回復していきます。

3　疲労は休息と密接に結びついた現象

　疲労を分類するときには休息レベルによって分けて考えるとわかりやすく整理されます。**図1-1**と**表1-1**にあるように、数分から数十分の作業中断による自発休息や小休止で回復するものは「急性疲労」、数時間程度の作業場離脱による休憩や食事によって回復するものは「亜急性疲労」、1日単位の休養や睡眠で回復するものは「日周性疲労」、数日から数カ月かけて回復するものは「慢性疲労」という区分で考えられてきました。また、近年では週単位での回復を考慮して「週内性疲労」という考え方も提案されています。

3 疲労は休息と密接に結びついた現象

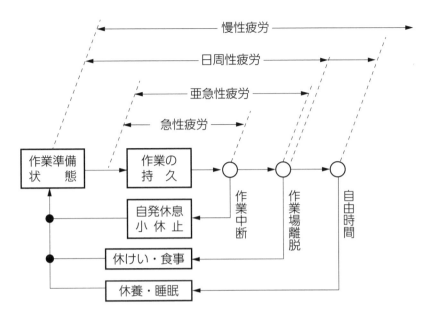

○は休息要求による行動のフシ目を示す

(出典:小木和孝、1995[1])

図1-1　休息レベルから見た疲労の分類

表1-1　疲労徴候の現れ方

分類	発生経過	休息・休養パターン	自覚	特徴
(1) 急性疲労	数分～数十分間の一連続作業による過大負荷	自発休息離脱行動小休止	促迫感苦痛へばり	主働器官の機能不全中枢性制御の不良代謝物などによる回復遅延
(2) 亜急性疲労	十数分～数時間の反復作業での漸進性の不適応	作業中断作業転換休憩	固定症状意欲減退へばり	主働器官の機能不全覚醒水準の低下パフォーマンス全体の回復遅れ
(3) 日周性疲労	1労働日～翌日にわたる生活サイクルの不調	職場離脱休養と余暇睡眠・栄養	だるさ・眠けイライラ感違和症状	脳賦活作用減弱による意識レベル低下集中・情報処理不全自律神経失調と神経症傾向
(4) 慢性疲労	連日にわたって蓄積して作用する過大労働	場の転換休養と余暇保養・睡眠	易疲労感無気力不定愁訴	作業能力の低下体調不全情意不安・不眠など

(出典:小木和孝、1995[1])

4　疲労は悪者なのか？

疲労イコール病気、疲労はなくすべきというように述べられることもありますが、それは間違いです。疲労を感じたときに適切に休むこと、休めること、休ませることで健康的に働くことができます。ある意味、疲労は私たちが働きすぎないようにするためのブレーキの役割を担ってくれているのです。

したがって、自分の身体から発せられるメッセージとしての疲労をうまく読んで付き合っていくことは、結果的に働く人々の労働生活をより良いものにしていくことになるでしょう。しかし、「これ以上、働かない方が良い」というそのメッセージを意識的、無意識的に無視し続けて、仕事を続けた場合、疲労は「過度な疲労」である過労にシフトしていきます。ちなみに、疲れたときにエナジードリンクを飲む方もいると思いますが、あれは疲労を回復させているのではなく、気づきにくくしているだけなのでご注意ください。身体から発せられる休息欲求のシグナルでもある疲労を抑え込んで働き続ければ、過労状態に陥ってしまうことは想像に難くないことでしょう。

5　過労の定義

過労に関してはさまざまな研究者が定義をしています。大きく分けて、生体内の状態から定義する立場と、社会的な価値基準と結び付けて定義する立場があります。

前者の立場から過労を定義したのは倉敷労働科学研究所（現・公益財団法人大原記念労働科学研究所）の初代所長である暉峻です。彼の定義では「過労とは、人間の健康状態を維持している生理的機能体系間の均衡が破れ、数夜の睡眠や数日の休養によっては回復が不可能な状態をいうのであろう」としています[2]。つまり、上述のように、疲労は休息すれば回復する性質を持っており、その「疲労の可逆性」という性質が壊れた状態を過労として定義しています。

一方、同研究所の小木は「問題となる過度の疲労」として「そのまま放置できずにすぐ対策をとる必要がある疲労事態」を過労として定義しています[1]。こちらの定義は

身体の中だけで決定するものではなく、労働の安全性、健康性、生活性といった社会的な価値判断と結び付けて過労を判定する考え方で、対策志向の定義だと考えられます。例えば、ミスやエラーが頻発することや、勤務後に寝てばかりになるなどの疲労が労働生活上の問題を引き起こしている状態を過労と判定するとしています。

6　さまざまな過労症状

小木がリストアップしている過労状態は以下のものがあります[3]。

① 疲労感が顕著なうえに、作業継続に伴う苦痛がある。
② 作業パフォーマンスが乱れ、作業確度が落ちて、作業に具体的支障が及ぶ。
③ 作業遂行以外にも影響が及び、二次的な行動変化が生じている。
④ 累進的な作業意欲の減退が認められる。
⑤ 事故やミスの起こる臨界状態が出現しやすい。
⑥ 休養所要時間が急増する。
⑦ 作業後の生活行動が制約を受け、消極的なものになる。

さらに、労働災害の状況や原因の調査結果を取りまとめた災害調査復命書に記載のあった過労死の前駆症状を活用して作成された「過労徴候しらべ」調査票の項目（**表1－2**）も過労状態といえるでしょう。ただし、こちらの症状は実際に過労死する前の症状なので、過労というよりは、それをさらに超えた疾病に起因する症状も含まれています。

また、私が考える労働者の過労とは、仕事や生活活動に対する計画性や予測能力が破綻した状態です。疲れすぎると、近視眼的に今、目の前にある事ばかりしか考えられなくなったり、あるいは遠い未来や過去の事ばかり考えるようになってくると思います。それは今、目の前にある仕事を続けることが嫌になって逃避しようとする状態です。そのような状態で、仕事を続けた場合には仕事の能率も落ちてミスやエラーが頻発したり、精神的に落ち込んだり、よく眠れなくなったりして疲労の回復力も低下すると思います。こういった状態が私は精神的な負担が増えた現代人の過労なのではないかと考えています。

もちろん、働き方との関連で現れる過労症状なので上記に挙げたもの以外にも過労状態はあるはずですが、皆さんも上記の過労状態とご自身の状態を比べてみてくださ

表1-2 「過労徴候しらべ」調査票の過労徴候

1. 冷や汗や、大量な汗等の異常に汗をかくこと
2. 肩や背中に激しい痛みを感じること
3. 顔がほてる、顔が熱くなる感覚
4. 胸部の痛みや圧迫感
5. 息苦しさ、呼吸困難
6. 嘔吐を繰り返すこと
7. 心臓がドキドキする等の動悸
8. 手足のしびれや麻痺
9. 急に目の前が真っ暗になって目が見えない等の視覚異常
10. 激しい頭痛やめまい
11. 呂律が回らず上手くしゃべれない
12. 激しい歯の痛み
13. 同僚や上司、客、家族等と感情的になってケンカすること
14. 急に意識がなくなること
15. 鼻血が止まらないこと
16. 眠りたくても眠れない等の不眠症状
17. 大幅な体重の減少
18. 休息や睡眠をとっても全然回復しない異常な疲労感
19. 異常な眠気
20. 些細なことでもすぐに怒ったり、いらいらするようになること
21. 食欲がなくなること
22. 会社を辞めたいと頻繁に思うようになること
23. 休日のほとんどを疲れ切っていて寝て過ごすようになること
24. 仕事から帰宅後、夕食や入浴もできないほど疲れ切っていてすぐに寝てしまうようになること
25. 起床時になかなか起きれなくなる等、異常に寝起きが悪くなること
26. 新聞を玄関まで取りに行く等の普段はできていた生活上での行動ができなくなること

い。もし、多く当てはまるようでしたら適切な休みをとるように心がけてください。

(久保 智英)

【参考文献】
1) 小木和孝(1995)「疲労のとらえ方、考え方」『産業疲労ハンドブック』労働基準調査会、89-104
2) 暉峻義等(1946)「疲労とその恢復—その本質追求の一方向について—」『労働科学』22(2):69-78
3) 小木和孝(1995)「調査結果のまとめ方と疲労判定」『産業疲労ハンドブック』労働基準調査会、150-163
4) 斉藤良夫(1995)「労働者の過労概念の検討」『労働科学』71(1):1-9

第 2 章

過労はなぜ危険？

労働者の過労は能率性、安全性、健康性、生活性を低下させます。労働者個人だけではなく、職場全体のリスクにもなります。

第2章 過労はなぜ危険？

1 改めて「過労とは何か？」を考えると、とても難しい問題

　この章の一番初めにお伝えすると、労働者の疲労に関して、ここまでは回復可能な疲労の状態、ここからは回復が難しい過労の状態であるという線引きは大変、難しい問題です。特に、労働者の疲労が過労かどうかの判定は、身体の中の状態だけを見ていては決めきることができないでしょう。

　例えば、とてもきつい作業を一定期間にわたって繰り返した場合、さまざまな生理心理機能が低下することでしょう。しかし、生理心理機能の変化は0と1のような離散的なものではなく、基本的には連続的なので、この値以上になれば過労であるという判断は難しいのです。また、身体の中でさまざまな器官の機能障害や器質障害が生じていた場合は、もはやそれは過労ではなく疾病と呼ぶべきでしょう。

2 過労状態は過労した本人だけではなく職場全体のリスク

　第1章（11ページ）で挙げた過労状態を見てみると、どれも作業との関連で生じている症状であることがわかります。もちろん、ここに示したリスト以外にも過労状態はありますが、「過労はなぜ危険？」という問いに対する1つの答えがこのリストの中に含まれています。つまり、労働者の疲労が過労に進展してしまうと、過労した本人だけではなく、職場全体のリスクにもなるからです。⑤の「事故やミスの起こる臨界状態が出現しやすい。」を例に挙げれば、その事故やミスで職場全体の被害につながることは容易に想像できるでしょう。

　また、ここで強調したいのは、同じ職場で同じような働き方をしている場合、個人差はあるかもしれませんが、おそらくその職場には過労状態にある人は一人だけではなく、複数人存在しているはずだということです。

　したがって、職場全体の健康や安全を考えても、過労した状態の従業員を放置すべきではなく、過労を引き起こす要因を特定して、何かしらの疲労対策を講じることが重要です。

3 社会的な価値基準に照らし合わせた過労状態

　これまでの産業疲労研究における過労状態の判断は、社会的な価値基準の低下と結

び付けて評価されてきました。①能率性、②安全性、③健康性、④生活性の4つの社会的価値基準の評価軸に照らし合わせて、疲労が問題のある事態を引き起こしている場合には過労状態にあると判定されてきました。具体的には以下の通りです。

① 能率性：作業スピードや正確性の低下
② 安全性：作業中のミスやエラーの増加
③ 健康性：頚肩腕症候群や睡眠障害、精神障害、消化器系疾患等の疾患の出現
④ 生活性：勤務後や休日の生活の質の低下

次からそれぞれについて解説します。

●能率性、安全性に関する過労像（①、②）
　能率性、安全性に関する過労状態を理解する上で紹介したい知見はFolkardらの知見（2003）です[3]。こちらの研究は、交替勤務時における事故やケガに関する発生率を調べたものです。日勤に比べて準夜勤、深夜勤で事故やケガの発生率が高まっていることや、連続夜勤の回数が増えるとともに事故やケガの発生率が高まっていることが示されています。つまり、夜勤というのは他の勤務に比べて、疲労度が高い働き方なので、過労状態が事故やケガにつながることが理解できるのではないでしょうか。

●健康性に関する過労像（③）
　健康性の社会的価値基準で言えば、働きすぎると過労状態になってやがては疾病につながるという図式が思い浮かぶと思います。それに関してKivimäkiらの研究（2015）を紹介します[4]。こちらはさまざまな論文のデータを総合して評価するメタアナリシスという手法で、労働時間の長さと冠状動脈性心疾患と脳卒中の関連性を評価した結果です（図2-1）。心疾患に関しては労働時間の長さとの関連性は明確には認められませんでしたが、脳卒中では統計的な関連性が認められました。つまり、労働時間が長くなるにつれて脳卒中が増えるという関係性です。長時間労働が過労状態を引き起こしていると考えれば、当たり前かもしれませんが、過労が健康を害するという図式がデータによって示唆されていることになります。

●生活性に関する過労像（④）
　図2-2は労働時間の長さと生活行動の関連性を検討した斉藤の調査結果（1984）

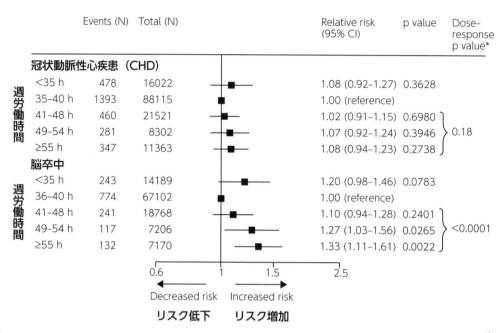

図2-1　労働時間と脳心臓疾患の関連性

です[5]。横軸に残業時間の長さを示して縦軸にさまざまな生活行動がどの程度実施されているかの割合を示したものです。ご覧の通り、残業時間が長くなればなるほど、家族との団らんや妻（夫）との会話、子供との遊び・会話の割合が減っていくことがわかります。それらの生活行動は私たちの暮らしにとって非常に重要な意味を持つものばかりです。生活の質ばかりではなく、それらの生活行動が足りなければ日々の仕事のストレスの解消が阻害され、夜の睡眠の質も低下して翌日からの勤務へも支障が出ることでしょう。この調査結果は、疲労やストレスの回復に重要な役割を担う生活行動が長時間労働によって削られていくことを明確に示したものです。

　以上、「過労はなぜ危険？」について解説してきましたが、その答えはシンプルです。つまり、自分自身はもちろんのこと、自分の身の回りの家族や職場の同僚や上司にもリスクが高い状態だからです。また、その影響は能率性、安全性、健康性、生活性といった社会的な価値基準を低下させます。したがって、過労の問題を個人の問題とするのではなく、過労状態を引き起こす大きな要因は労働の中にあるので、過労状

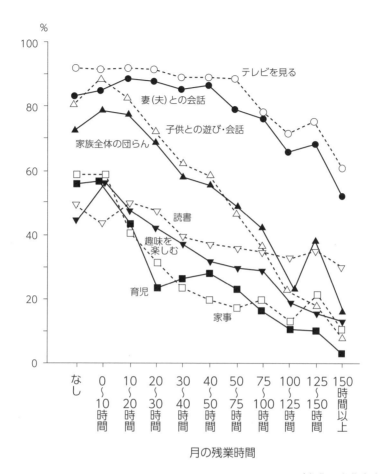

（出典：斉藤良夫、1984[5]）

図2-2　残業時間が家庭生活に及ぼす影響

態にある従業員が一人でもいる場合は、職場の働き方を早急に見つめ直すことが必要です。

（久保 智英）

【参考文献】
1）小木和孝（1995）「調査結果のまとめ方と疲労判定」『産業疲労ハンドブック』労働基準調査会、150-163
2）斉藤良夫（1995）「労働者の過労概念の検討」『労働科学』71（1）：1-9
3）Folkard S, & Tucker P. (2003). Shift work, safety and productivity. *Occupational medicine* (Oxford, England). 53(2):95-101.
https://doi.org/10.1093/occmed/kqg047
4）Kivimäki M, et al. (2015). Long working hours and risk of coronary heart disease and

stroke: a systematic review and meta-analysis of published and unpublished data for 603,838 individuals. *Lancet* (London, England). 386(10005):1739-1746. https://doi.org/10.1016/S0140-6736(15)60295-1
5) 全国建設関連産業労働組合連合会（1984）『パパこっち向いて 守れていますかあなたの健康・あなたの家族』分析担当：斉藤良夫、株式会社K＆S

第3章

過重労働になりやすい働き方

どのような働き方が過重労働に陥りやすいのか？
長時間労働、過労死、夜勤・交替制勤務、勤務間インターバルなどについて解説します。

第3章　過重労働になりやすい働き方

I　長時間労働の影響

1　労働者の疲労の原因は？

　まず初めに断言します。労働者の疲労の原因は脳ではありません。病気による疲労は除きますが、現実に働いて生活する人々の疲労の原因は当然、働き方の中にあります（図3-I-1）。この考えは、倉敷労働科学研究所が設立された1921年にわが国の産業疲労研究の歴史が始まったとすれば、100年以上続く産業疲労研究の中心的なセオリーです。さらに、もう少し踏み込んで説明すると、労働者の疲労の原因は拘束された状況にあります。仕事中は労働によって心理的にも身体的にも拘束され続けているので、疲労が発現、進展していきます。したがって、疲労が回復されるにはそのような心理的、身体的な拘束状況から解放される必要があります。

　もちろん、脳機能含めてさまざまな身体機能は過重労働などによって低下して疲労状態に陥ることはあります。しかし、それは原因ではなく結果に過ぎません。もし、

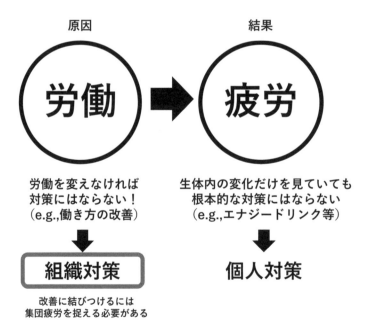

図3-I-1　産業疲労研究における労働者の疲労の捉え方

労働者の疲労の原因が脳や身体の中の何とか物質だと仮定した場合、その対策は生体内の変化をコントロールする必要があるので、対策としてはサプリやドリンク、あるいは服薬治療などが主になります。もちろん、「疲労回復」をうたって出回っているサプリやドリンクにも一定程度の「効果」はあるのかもしれません。しかし、例えば、仕事からの帰宅時刻が毎日、真夜中を過ぎる場合、そのようなサプリやドリンク、服薬治療で疲労は十分に回復するのでしょうか？　そうです。回復することはありません。対症療法にはなるかもしれませんが、根本的な解決をするには働き方を見つめ直さないといけません。したがって、労働者の疲労を改善するには、個々人の疲労の問題よりも集団的な疲労を捉えて組織的な対策につなげることが重要です。その点については第5章「疲労リスク管理」で詳しく触れたいと思います。

2　長い時間働くことで、なぜ疲れるのか？

　上述の通り、長く働けば働くほど、最大の疲労回復機会である余暇時間が減少するため、働く人々の疲れは進展していくことになります。たまに、「長く働いても、全然、疲れません」という方がいます。しかし、労働者も人間なので、生物である以上は活動を休息なしに継続し続ければ、いつか破綻することになります。もちろん、個々人の間で程度の差はあると思いますが、長い時間働くこと、裏を返せば短い時間の休息では疲労は進展し続けて、やがて疲労が回復困難な過労にシフトして健康や安全を害することは誰にでも当てはまる真理だと思います。また、仕事に没頭することでも疲れを感じにくくなりますが、やはり、それも同じことで短い期間ならば「疲れない」のかもしれませんが、長期間続けることはできないでしょう。

　以上のような前提を踏まえて、本節では長時間労働の影響について解説していきたいと思います。

3　長時間労働の健康影響

　世界でも長時間労働の影響に関してはさまざまな研究がなされています。最近ではWHO（世界保健機関）とILO（国際労働機関）の共同調査（2021）で、世界でも長時間労働による虚血性心疾患や脳卒中による死亡が多いことがわかっています[1]（第5章のⅤ「過労徴候しらべ」で詳しく紹介します）。また、第2章の「図2-1　労働時間と脳心臓疾患の関連性」（16ページ）で挙げたように、冠状動脈性心疾患よりも脳卒中の方が、労働時間が長くなるにつれて発症する傾向にあることが示されています[2]。いずれにしても、冒頭で述べたように長時間労働（＝短い時間の休息）では健康影響

が生じることは明らかです。

　ただし、同図を再度、ご覧ください。これは数多くの論文のデータを集めてまとめた結果なのですが、一番の長時間労働の群の長さが「週55時間以上」になっています。日本で言われている過労死ラインは残業時間が1カ月あたり100時間以上、もしくは2〜6カ月の平均が80時間以上なので、週で換算すると月100時間は週65時間、月80時間は週60時間になります。ということはつまり、海外の研究データを集めてきても、日本の過労死ラインで働く人のデータは統計解析に使えるぐらい集まらないということがうかがえるでしょう。それだけ、わが国の働き方は異常であるともいえるのではないでしょうか。

4　長時間労働による影響は労働者の特性によって異なる

　長時間働いても疲れないと訴える人もいることを冒頭で述べた通り、やはり個々人の間でも差があることは、この自然界において当たり前のことです。私の所属する独立行政法人労働者健康安全機構　労働安全衛生総合研究所　過労死等防止調査研究センター（以下、過労死等防止調査研究センターという。）で劉欣々上席研究員が中心になって行った実験室実験では、若年層に比べて中高年では作業時間とともに血圧などの循環器の指標が悪化する程度が高いことがわかっています[3]。

　また、**図3-I-2**は同じく劉上席研究員らのチームで池田大樹主任研究員が執筆

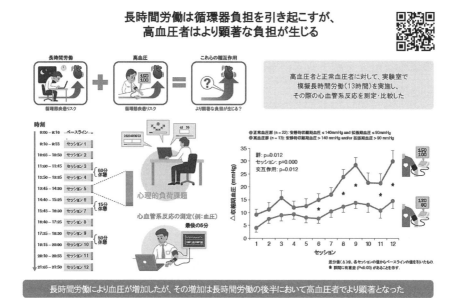

図3-I-2　作業時間の経過に伴う高血圧者と正常血圧者の循環器負担の変化[4]

した実験結果です[4]。こちらは高血圧者と正常血圧者で作業を行わせた際に、作業時間が長くなるとともに高血圧者の方が正常血圧者に比べて、とくに作業後半になると血圧の増加が顕著になることが示されました。具体的には朝9時から働いたとすると、17時ごろから正常血圧者と高血圧者の血圧の差は広がっていく傾向が観察されています。

　これらの知見から、長時間労働による影響は全ての労働者に共通するものですが、その影響の脆弱性（もろさ）は労働者の特性に応じて変化するので、高齢労働者や高血圧などの基礎疾患を持った労働者が長時間労働をしている場合には特別な配慮が求められるでしょう。

5　過労死ラインで働くことは徹夜状態と同じ疲労度

　先ほど述べた過労死ラインは長時間労働の最たる例ですが、実はこれまでの研究でも「過労死ラインで働くことは健康や安全に良くない」という漠然としたメッセージしか発信されていませんでした。それを聞く側からすれば「それはそうだよね」という同意は得られるものの、そのリスクの重篤性については「なんとなく理解した」という程度だと思います。

　そこで、私がリーダーを務める研究プロジェクトでは、その「なんとなく」をより明確にして、「やっぱり良くない！」という強いメッセージを送ることで過重労働の予防につなげたいと考えて、実験研究と現場調査を組み合わせたハイブリッド・アプローチを用いた次のような研究を実施しました。その結果が図3－I－3です。これは実験室実験で40時間断眠（徹夜）した9名と、実際に働いているIT労働者で月80時間以上、つまり過労死ラインで働いていたとする7名の反応時間検査の結果を比較したものです[5]。反応時間検査の結果は遅く反応していればいるほど、疲れているといえます。過労死ラインで働いている人は家で食事をとったり、テレビを見たり、睡眠を取っているにも関わらず、週の後半の特に起床時には、40時間断眠という誰もが疲れている！　と思うような状況と同じレベルの疲労度に達していることが示唆されました。これは1つのミスやエラーが致命的な事故や悲劇的な状況につながりやすい医師、看護師、トラックドライバーなどの職種に置き換えて考えると、そのリスクの深刻さが伝わってくるはずです。皆さんもこんな状態にあるお医者さんに手術をしてもらいたくない！　とか、トラックドライバーに一般道を運転してほしくない！　と思うことでしょう。ただ、責めるべきは、このような過労状態に陥っている個人ではなく、そうした働き方をせざるを得ない状況を作り出した労働環境であると私は思って

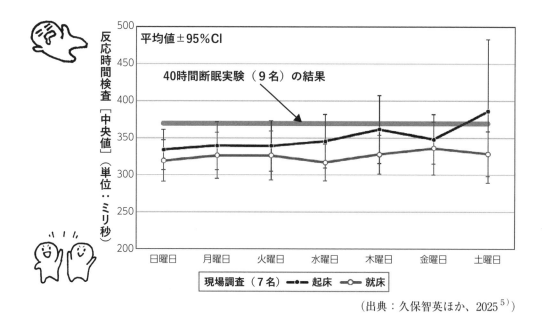

図3-Ⅰ-3　過労死ライン（月80時間以上の残業）で働くIT労働者（7名）と40時間の断眠実験（9名）での反応時間検査の比較

います。労働環境を改善しなければ、根本的な解決にはならないからです。

6　見えてきた過労死のメカニズム

　最後にこちらも私の所属する過労死等防止調査研究センターの最新の知見を紹介したいと思います。こちらは守田祐作研究員が中心になって執筆された論文です[6]。センターでは災害調査復命書を全国から収集してデータベース化しており、そのデータを解析した結果です。**図3-Ⅰ-4**は、実際に過労死等として認定されたデータを使って、月の時間外労働の長さごとに脳の出血部位を検討したものです。そこから見えてきたのは、長期間の過重負荷は、高血圧が発症に関わる脳深部の脳出血発症と関連していたということです。そこから導き出される対策としては、①事業主は時間外労働時間を削減するとともに、健康診断時の高血圧が適切に治療されているか確認すること、②産業医は長時間労働者の面接指導時に血圧を確認する等、長時間労働者の血圧管理に十分留意する必要があるということです。

　先ほど示した図3-Ⅰ-2の結果と合わせて考えると、今までも言われてきたことですが、やはり高血圧者等の基礎疾患を持った人への対応は過労死等の予防には基本中の基本ということだと思います。

（久保　智英）

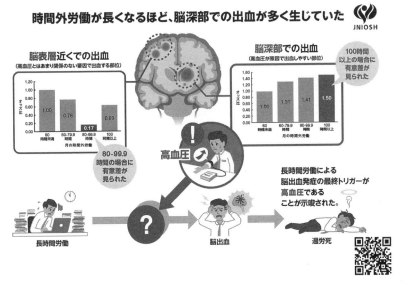

図3−I−4　過労死等認定された災害調査復命書を用いた脳出血部位の解析[6]

【参考文献】
1) Pega F, Náfrádi B, Momen NC, Ujita Y, et al. (2021). Global, regional, and national burdens of ischemic heart disease and stroke attributable to exposure to long working hours for 194 countries, 2000-2016: A systematic analysis from the WHO/ILO Joint Estimates of the Work-related Burden of Disease and Injury. *Environ Int.* 2021 Sep;154:106595. doi: 10.1016/j.envint.2021.106595.
2) Kivimäki, et al. (2015). Long working hours and risk of coronary heart disease and stroke: a systematic review and meta-analysis of published and unpublished data for 603,838 individuals. *Lancet.* 386 (10005):1739-1746.
3) Liu X, Ikeda H, Oyama F, Takahashi M. (2019). Heamodynamic responses to simulated long working hours in different age groups. *Occupational Environmental Medicine.* 76:754-757.
https://doi.org/10.1136/oemed-2019-105915
4) Ikeda H, Liu X, Oyama F, Wakisaka K, Takahashi M. (2018). Comparison of hemodynamic responses between normotensive and untreated hypertensive men under simulated long working hours. Scandinavian Journal of Work, *Environment & Health.* 44(6):622-630.
https://doi.org/10.5271/sjweh.3752
5) 久保智英、松元俊、池田大樹、西村悠貴、劉欣欣、井澤修平、吉川徹、有竹清夏、玉置應子（2025）「過労死ラインで働く者の疲労影響：断眠実験と現場調査のハイブリット・アプローチ」第98回日本産業衛生学会（仙台）
6) Morita Y, Yoshikawa T, Takahashi M. (2023). Long working hours and risk of hypertensive intracerebral haemorrhage among Japanese workers claiming compensation for overwork-related intracerebral haemorrhage: an unmatched case-control study. *BMJ Open.* 2023 Sep 22; 13(9):e074465.

II 不規則勤務(夜勤・交替制勤務など)の健康・安全への影響

1 不規則勤務者の健康

　夜勤や交替制勤務に代表される不規則勤務は、長時間労働と並ぶ過重労働の一つです。日本の脳・心臓疾患による労災(本節では以降、「過労死」という。)の認定基準[1]では、不規則勤務の細目として、「拘束時間の長い勤務」、「休日のない連続勤務」、「勤務間インターバルが短い勤務」、「不規則な勤務・交替制勤務・深夜勤務」が挙げられています。不規則勤務の過重性は勤務スケジュールの変更頻度と変更の予測度合い、始業終業時刻のばらつき、夜間に十分な睡眠がとれない程度、一勤務の長さ、勤務中の休憩の時間・回数・場所で評価されています。加えて、一部の交替制勤務で見られる、クイックリターン(11時間未満の短い勤務間インターバル)も短い休息時間により不規則勤務を過重な働き方にしている要因の一つです[2]。不規則勤務の主な問題点は、昼間に活動し夜間に休息をとるヒトの生体リズムと、不規則勤務による人間の生活リズムのずれが、睡眠による疲労回復を妨げ、健康や安全に影響を及ぼすところにあります。

　過労死が最も多いトラックドライバーの労災事例では、脳・心臓疾患の発症者に多い勤務パターンは、長時間労働に加えて、夜間早朝出庫型(おおむね2時から7時の間で毎日の出発時刻が一定の「通常型」と、変化する「不規則型」がある)であることが示されました[3]。このような働き方は不規則勤務の中でも交替制勤務には見られず、トラックドライバーに特徴的な勤務形態です。トラックドライバーの他の勤務パターンをあわせた不規則勤務+長時間労働のあった過労死の事例は、長時間労働のみを主要因とした過労死事例の12倍も多く見られました。また、労災補償外となった不支給事例においても夜間早朝出庫型が多くを占めることから、長時間労働の有無にかかわらず、不規則勤務が脳・心臓疾患の発症リスクを増大させる可能性が示唆されます。

　トラックドライバーの、「働き方改革関連法」による時間外労働の上限規制の適用や、「改善基準告示」による拘束時間等の規制強化は、物流の「2024年問題」として負の側面が強調されがちです。しかし、過労死防止策としては、長時間労働とあわせて不規則勤務の見直しの必要性があります。

2 不規則勤務トラックドライバーと健康

　日本の定期健康診断の有所見率を業種別に見ると、トラックドライバーを含む道路

貨物運送業では全体平均よりも高く推移し、年を追うごとに上昇傾向にあることが示されていました[4]。定期健康診断には、脳・心臓疾患のリスク要因として知られる高血圧、脂質異常症、耐糖能異常、肥満に関連する項目が含まれています。定期健康診断の有所見率が他の業種と比べて特別に道路貨物運送業で高いわけではないにしても、長時間労働に加えてトラックドライバーに見られるような不規則勤務と長期的な健康影響との関連について言及した研究は少なく、はっきりしたことはわかっていません。

日本の男性トラックドライバーのアンケート調査結果を解析したところ[5]、1,947人のデータから、夜間早朝運行（13.6％、264人）と脳・心臓疾患の発症リスクとなる高血圧の関連が示されました（**図3－Ⅱ－1**）。また、2泊以上の長距離運行（11.4％、222人）と肥満との関連や、夜間運転の負担が重いと感じていること（15.6％、303人）と高脂血症および過労状態との関連が示されました。この調査では健康障害と不規則勤務との関連が示されましたが、ひと月の時間外労働（＞80時間は7.1％、138人）や、ひと月の夜勤回数（＞10回は18.7％、365人）との関連は見られませんでした。過労死の事例と同じく、一般のトラックドライバーにおいても、長時間労働よりも不規則勤務の健康影響が確認されました。

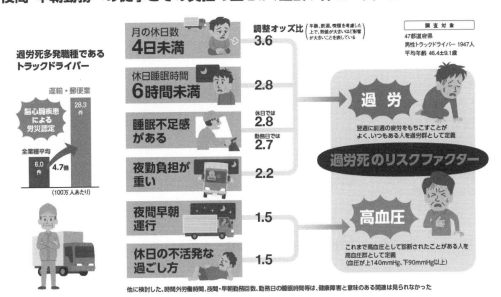

図3－Ⅱ－1　夜間早朝勤務トラックドライバーと高血圧の関連[5]

3 夜勤・交替制勤務者の疾病発症および事故のリスク

不規則勤務の一つである夜勤・交替制勤務者は、常日勤者と比べていくつかの疾病の発症リスクが高いことが主にコホート研究の結果から示されています。過労死の認定基準を検討する際にも参考にされていて、200万人を対象とした34件の研究より、夜勤・交替制勤務者は心筋梗塞や虚血性脳卒中のリスクを増大させていました[6]（図3-Ⅱ-2）。他には、女性看護師の乳がん[7,8]と夜勤・交替制勤務者の子宮内膜がん[9]、男性の夜勤・交替制勤務者の前立腺がん[10]、夜勤・交替制勤務者の消化性潰瘍などの胃腸障害[11,12]、2型糖尿病（女性看護師で交替制勤務の経験年数が長いほど）[13,14]、多発性硬化症（20歳までに3年以上の交替制勤務経験者）[15]のリスクが高いことが報告されており、GHQ精神健康調査のスコアや不安・抑うつの訴えなどに見られるメンタルヘルス不調[16]も夜勤・交替制勤務者との関連が報告されています。

また、医療や運輸業を含む夜勤・交替制勤務者では、ケガや事故リスクが高いことも示されています[17]。夜勤・交替制勤務者を対象としたいずれの研究も、夜勤や交替制勤務の定義や業種・職種が一致していないため、どのような夜勤・交替制勤務が健康、安全リスクとなっているかまでは不明です。しかし、多くの研究結果から、おそらく皆さんが思い浮かべているどの夜勤や交替制勤務も、常日勤者に比べると特定の疾患や事故リスクが高いことは気に留めておく必要があります。

解析	イベント（研究）	リスク比（95%CI）
ランダム効果		
心筋梗塞	6598(10)	1.23(1.15 to 1.31)
すべての冠動脈イベント	17 359(28)	1.24(1.10 to 1.39)
虚血性脳卒中	1854(2)	1.05(1.01 to 1.09)
感度分析		
心筋梗塞、未調整	4408(5)	1.41(1.17 to 1.70)
心筋梗塞、調整後	4408(5)	1.27(1.10 to 1.45)
すべての冠動脈イベント、未調整	8154(12)	1.21(1.06 to 1.39)
すべての冠動脈イベント、調整後	8154(12)	1.17(1.05 to 1.31)
虚血性脳卒中、未調整	1854(2)	1.09(1.04 to 1.14)
虚血性脳卒中、調整後	1854(2)	1.05(1.01 to 1.09)

（出典：Vyas MV, et al., 2012[6]）

図3-Ⅱ-2　夜勤・交替制勤務者の心筋梗塞、虚血性脳卒中発症リスク（著者邦訳）

4　不規則勤務者の睡眠、眠気、疲労

　不規則勤務の影響は、疾病発症リスクのような長期的な健康の視点はもとより、予防という意味では短期的な健康影響も重要です。不規則勤務はまず睡眠不足にともなう疲労や眠気の問題が表出します。夜勤においては勤務前後に睡眠をとることになりますが、昼間は夜間に比べて生体リズムの影響を受けて、睡眠に適さない時間帯（特に、10～11時と21～22時で寝付きにくい）になります[18]。眠気の強さは、起き続けている時間の長さと、深部体温に代表される概日リズムで予測することができ、深夜から早朝にかけての夜勤を行う時間帯で眠気が最も強くなります[19]。

　この時間帯は交通量が少なくなるのに反して交通事故が多くなることが知られています[20]。徹夜の実験では、長く起き続けたまま深夜にかかると追跡課題の成績が飲酒時と同水準まで低下することが明らかになっている[21]ので、夜勤中に眠気や疲労が急激に増大することは想像に難くありません。また、1回の夜勤が長時間になるほど、勤務中[22]だけでなく勤務後[23]までも運転による事故リスクが高くなります。模擬夜勤を連続して行う実験においては、追跡課題の成績からみて夜間の作業に慣れるのには5日以上かかっていたこと[24]から、日中に睡眠をとって十分に疲労回復することは難しいことがうかがえます。5時間以下の短い夜間睡眠を7日間にわたってとらせ続けた場合の睡眠負債は、3日間の長めの休日を挟んでも反応課題（PVT、詳細は69ページを参照してください。）の成績が基準値まで回復しないこと[25]が実験で確かめられていることからも、不規則勤務は疲れやすく、その疲れが回復しにくい働き方と言えます。

5　早朝勤務者の健康と安全

　不規則勤務による睡眠問題は夜勤に注目が集まりがちですが、早朝勤務も睡眠不足および強い眠気と疲労が生じます。鉄道運転士の交替制勤務では、早朝勤務（6時台に出勤）前の睡眠は6時間以下になることが示されており、これは驚くべきことに合計では夜勤前の睡眠よりも短いものでした[26]。しかも、早朝勤務は直前の勤務間インターバルの長さにかかわらず睡眠時間は短いままでした。早朝勤務前では就床時刻を早めることでしか睡眠時間を長くとることができませんが、それが難しいことは先に紹介した21～22時が寝付きにくいことを考えると納得がいきます。また、早朝勤務前は短い睡眠となることや、朝早くに起床することへの心理的不安が大きいほど、疲労回復に必要な深い睡眠が減ってしまうことも知っておく必要があります[27]。その影響の強さは、交替制勤務を行う監視作業者の早朝勤務中の眠気が夜勤中と大差ないと

いう結果にも表れています[28]。

6 クイックリターンと睡眠

　不規則勤務において睡眠による休息機会を奪う条件には、クイックリターン（11時間未満の勤務間インターバル）があります（図3-Ⅱ-3）。交替制勤務ではクイックリターンが生じる勤務の組合せが主に3種類あり、具体的には、3交替制（24時間を3つの労働時間帯に区切り、それぞれの労働時間帯を交替で行う）の①夕勤-早朝勤務／日勤、②夜勤-夕勤、③早朝勤務／日勤-夜勤です[2]。組合せごとの睡眠時間は、①5.0～6.5時間、②4.8時間、③2.2～2.8時間であり、休息機会が昼間にあたる③での睡眠が最も短いことがわかります。いずれのクイックリターンも睡眠時間が短くなり、それにともない眠気や疲労に悪影響を及ぼしていました。

　また、クイックリターンは3交替制に見られるだけでなく、2交替制でも生じる可能性があります。2交替制に就く日本の病棟看護師では、12時間日勤と12時間夜勤がそれぞれ連続して行われる場合で残業時間があるとクイックリターンが生じていました[29]。この場合の睡眠時間は他の勤務の組合せよりも短く、6時間未満になっていました。不規則勤務を行っていたトラックドライバーの過労死の事例においても、勤務間インターバルが8時間未満の勤務パターンが見られ、交替制勤務の実態からは睡眠時間が6時間未満であることが推測されます[3]。不規則勤務における睡眠の問題は、睡眠時間だけでなく、睡眠がとられる時刻にも注意が必要です。

著者（出版年）	クイックリターン	ふだんの睡眠時間	クイックリターンでの睡眠時間		
			E to M/D	N to E	M/D to N
Axelsson et al.（2004）	8.0-9.0h	8.0h	5.5h	4.8h	-
Costa et al.（2014）	10.0h/7.0h	7.8h	5.6h	-	2.3h
Cruz et al.（2003）	8.0h	-	5.5h	-	2.8h
Sallinen et al.（2003）	8.3h	-	5.0h	-	-
Knauth et al.（1983）	8.0h	-	6.5h	-	-
Hakola, Paukkonen, and Pohjonen（2010）	9.0h	7.0h	6.5h	-	-
Signal and Gander（2007）	11.0h	-	-	-	2.2h
Kurumatani et al.（1994）	7.5h	-	-	-	2.4h

E：夕勤、M/D：朝勤／日勤、N：夜勤

（出典：Vedaa Ø, et al., 2016[2]）

図3-Ⅱ-3　不規則勤務にみられるクイックリターンと睡眠時間の関連

（松元　俊）

【参考文献】

1) 脳・心臓疾患の労災認定の基準に関する専門検討会（2021）『脳・心臓疾患の労災認定の基準に関する専門検討会報告書』
2) Vedaa Ø, Harris A, Bjorvatn B, Waage S, Sivertsen B, Tucker P, Pallesen S. (2016). Systematic review of the relationship between quick returns in rotating shift work and health-related outcomes. *Ergonomics*. 59(1):1-14.
3) 酒井一博、佐々木司（2018）「運輸業・郵便業における過労死（脳・心臓疾患）の予測及び防止を目的とした資料解析に関する研究」『過労死等の実態解明と防止対策に関する総合的な労働安全衛生研究―平成29年度 総括・分担研究報告書』102-129.
4) 厚生労働省（2007-2023）「定期健康診断実施結果報告」
https://www.e-stat.go.jp/stat-search/files?page=1&layout=datalist&toukei=00450211&tstat=000001018638&cycle=7
5) 松元俊、久保智英、井澤修平、池田大樹、髙橋正也、甲田茂樹（2022）「トラックドライバーの健康障害と過労状態に関連する労働生活要因の検討」『産業衛生学雑誌』64(1)：1-11.
6) Vyas MV, Garg AX, Iansavichus AV, Costella J, Donner A, Laugsand LE, Janszky I, Mrkobrada M, Parraga G, Hackam DG. (2012). Shift work and vascular events: systematic review and meta-analysis. *BMJ*. 2012 Jul 26; 345:e4800.
7) Schernhammer ES, Kroenke CH, Laden F, Hankinson SE. (2006). Night work and risk of breast cancer. *Epidemiology*. 2006 Jan; 17(1):108-111.
8) Hansen J, Stevens RG. (2012). Case-control study of shift-work and breast cancer risk in Danish nurses: impact of shift systems. *Eur J Cancer*. 2012 Jul; 48(11):1722-1729.
9) Viswanathan AN, Hankinson SE, Schernhammer ES. (2007). Night shift work and the risk of endometrial cancer. *Cancer Res*. 2007 Nov 1; 67(21):10618-10622.
10) Kubo T, Ozasa K, Mikami K, Wakai K, Fujino Y, Watanabe Y, Miki T, Nakao M, Hayashi K, Suzuki K, Mori M, Washio M, Sakauchi F, Ito Y, Yoshimura T, Tamakoshi A. (2006). Prospective cohort study of the risk of prostate cancer among rotating-shift workers: findings from the Japan collaborative cohort study. *Am J Epidemiol*. 2006 Sep 15; 164(6):549-555.
11) Knutsson A, Bøggild H. (2010). Gastrointestinal disorders among shift workers. *Scand J Work Environ Health*. 2010 Mar; 36(2):85-95.
12) Chang WP, Peng YX. (2021). Differences between fixed day shift workers and rotating shift workers in gastrointestinal problems: a systematic review and meta-analysis. *Ind Health*. 2021 Mar 24; 59(2):66-77.
13) Pan A, Schernhammer ES, Sun Q, Hu FB. (2011). Rotating night shift work and risk of type 2 diabetes: two prospective cohort studies in women. *PLoS Med*. 2011 Dec; 8(12):e1001141.
14) Kivimäki M, Batty GD, Hublin C. (2011). Shift work as a risk factor for future type 2 diabetes: evidence, mechanisms, implications, and future research directions. *PLoS Med*. 2011 Dec; 8(12):e1001138.
15) Hedström AK, Åkerstedt T, Hillert J, Olsson T, Alfredsson L. (2011). Shift work at young age is associated with increased risk for multiple sclerosis. *Ann Neurol*. 2011 Nov; 70(5):733-741.
16) Bara AC, Arber S. (2009). Working shifts and mental health--findings from the British Household Panel Survey (1995-2005). *Scand J Work Environ Health*. 2009 Oct; 35(5):361-367.
17) Wagstaff AS, Sigstad Lie JA. (2011). Shift and night work and long working hours--a systematic review of safety implications. *Scand J Work Environ Health*. 2011 May;

37(3):173-185.
18) スティーヴン・ストロガッツ（2005）『SYNC なぜ自然はシンクロしたがるのか』早川書房、142.
19) Akerstedt T, Folkard S. (1995). Validation of the S and C components of the three-process model of alertness regulation. *Sleep*. 1995 Jan; 18(1):1-6.
20) Garbarino S, Nobili L, Beelke M, De Carli F, Ferrillo F. (2001). The contributing role of sleepiness in highway vehicle accidents. *Sleep*. 2001 Mar 15; 24(2):203-206.
21) Dawson D, Reid K. (1997). Fatigue, alcohol and performance impairment. *Nature*. 1997 Jul 17;388(6639):235.
22) Sagaspe P, Taillard J, Akerstedt T, Bayon V, Espié S, Chaumet G, Bioulac B, Philip P. (2008). Extended driving impairs nocturnal driving performances. *PLoS One*. 3(10): e3493.
23) Scott LD, Hwang WT, Rogers AE, Nysse T, Dean GE, Dinges DF. (2007). The relationship between nurse work schedules, sleep duration, and drowsy driving. *Sleep*. 2007 Dec; 30(12):1801-1807.
24) Lamond N, Dorrian J, Burgess H, Holmes A, Roach G, McCulloch K, Fletcher A, Dawson D. (2004). Adaptation of performance during a week of simulated night work. *Ergonomics*. 2004 Feb 5; 47(2):154-165.
25) Belenky G, Wesensten NJ, Thorne DR, Thomas ML, Sing HC, Redmond DP, Russo MB, Balkin TJ. (2003). Patterns of performance degradation and restoration during sleep restriction and subsequent recovery: a sleep dose-response study. *J Sleep Res*. 2003 Mar; 12(1):1-12.
26) Sallinen M, Härmä M, Mutanen P, Ranta R, Virkkala J, Müller K. (2005). Sleepiness in various shift combinations of irregular shift systems. *Ind Health*. 2005 Jan; 43(1):114-122.
27) Kecklund G, Akerstedt T. (2004). Apprehension of the subsequent working day is associated with a low amount of slow wave sleep. *Biol Psychol*. 2004 Apr; 66(2):169-176.
28) Eriksen CA, Gillberg M, Vestergren P. Sleepiness and sleep in a simulated "six hours on/six hours off" sea watch system. *Chronobiol Int*. 2006; 23(6):1193-1202.
29) 久保智英ほか（2018）「交代制勤務看護師の勤務間インターバルと疲労回復に関する研究」『過労死等の実態解明と防止対策に関する総合的な労働安全衛生研究 平成29年度 総括・分担研究報告書』191-204.

Ⅲ 勤務間インターバルが短い勤務

1 勤務間インターバルとは

　勤務間インターバルとは、勤務の終了から翌始業時刻までの休息期間のことをいい、この休息期間には、睡眠時間、余暇時間、通勤時間、食事や入浴といった生活時間が含まれます。そのため、労働者が十分な睡眠時間や生活時間を確保できるよう、一定の勤務間隔を設ける「勤務間インターバル制度」の導入が、わが国では事業主の努力義務（労働時間等の設定の改善に関する特別措置法第2条第1項）となっていま

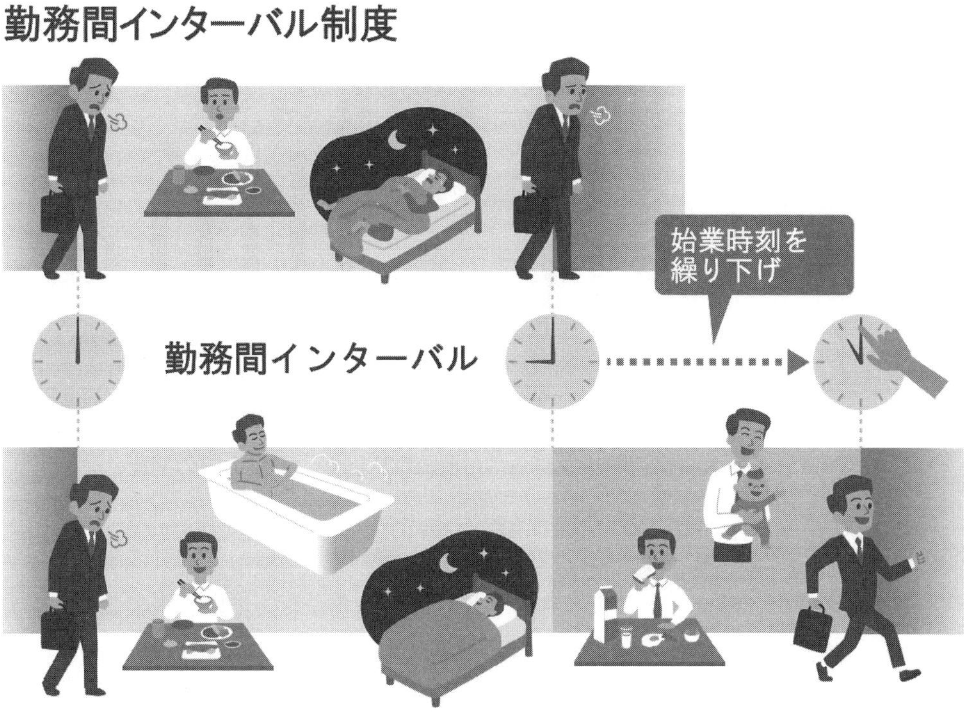

勤務間インターバル制度

勤務間インターバル制度においては、一定の勤務間インターバルを確保するために、始業時刻を繰り下げることになる。※本来の始業時刻から勤務間インターバルの満了時刻までの時間を働いたものとみなす方法もある。

図3－Ⅲ－1　勤務間インターバルと勤務間インターバル制度

す（図3－Ⅲ－1）。なお、欧州連合（European Union：EU）では、EU労働時間指令により、労働者に対して24時間につき最低でも連続11時間の休息期間（daily rest period）を設けることが義務付けられています。

2　短い勤務間インターバルの悪影響

　勤務間インターバルが短いとさまざまな悪影響が生じることが報告されています。
　例えば、睡眠の問題です。勤務間インターバルは、睡眠時間や余暇時間だけでなく、睡眠の質とも関連し、勤務間インターバルが短いほど睡眠時間や余暇時間が短いこと、睡眠の質が悪いことが報告されています[1]（図3－Ⅲ－2）。さらに、睡眠負債（睡眠不足が蓄積されている状態のこと）や社会的時差ぼけ（社会的なリズム（労働者であれば勤務日）と生体リズム（休日）による睡眠タイミングのずれのこと）といった睡眠問題も勤務間インターバルと関連しており、勤務間インターバルが短いほど睡眠負債や社会的時差ぼけがより顕著であったことが報告されています[2]。短時間睡眠や

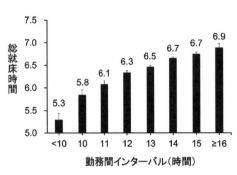
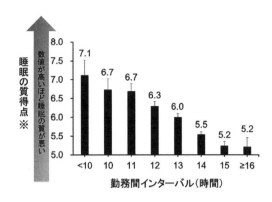

※ピッツバーグ睡眠質問票による総得点。

(出典：Ikeda H, et al., 2018[1])

図3-Ⅲ-2　勤務間インターバルと総就床時間、睡眠の質の関連

　質の悪い睡眠、睡眠負債、社会的時差ぼけといった睡眠問題は、労働者に限らず健康や安全に悪影響を及ぼすことが報告されており、労働者においては、病気欠勤、就業不能による退職、業務上のケガや生産性の悪化と関連することが報告されています。このことから、短い勤務間インターバルは労働者のみならず事業所（雇用者）にとっても大きな問題といえるでしょう。

　また、勤務間インターバルが短い労働者ほど、勤務中に測定した拡張期血圧が高く、疲労感が強いこと[3]、普段の勤務間インターバルが11時間未満であると、睡眠の長短（6時間以上、未満）に関わらず、長期の病気欠勤（1カ月以上）のリスクが高いこと[4]なども報告されています。

　上記[1~4]はいずれも日勤労働者を対象とした研究で得られた知見ですが、夜勤・交替制勤務者でも短い勤務間インターバル（特に11時間未満の勤務間インターバルはクイックリターンと呼ばれる）の悪影響が報告されています。例えば、クイックリターンが、高血圧の発症[5]、病気欠勤[6]、業務上の事故等[6]と関連することが報告されています。

　また、近年、交替制勤務者を対象とした、クイックリターンを減らすクラスターランダム化比較試験が実施されており、6カ月の介入においてクイックリターンを減らした群（クイックリターン数が13.2回から6.7回に減少）が、比較対象群（クイックリターン数は13.2回から12.0回と維持）と比べて、疲労に変化はなかったものの、不眠や日中の眠気の改善が見られたことが報告されています[7]。

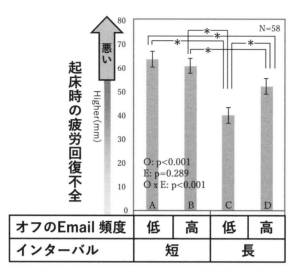

勤務間インターバルが長くてもその間の仕事の連絡頻度が高ければ起床時の疲労感が強いことが示されている。
（出典：Kubo T, et al., 2021[8]）

図3－Ⅲ－3　勤務間インターバルの長さと勤務間インターバルにおける仕事の連絡頻度の関連と起床時の疲労回復不全

　以上のように、短い勤務間インターバルは労働者の健康や安全に悪影響を及ぼすことが複数報告されています。このことから、勤務間インターバル制度により、一定の勤務間インターバルが確保されれば、労働者の健康・安全確保につながる可能性が考えられます。

　ただし、勤務間インターバル制度は勤務間インターバルの量を保証しているものの、質の面は保証されていません。例えば、勤務間インターバル中に仕事の連絡が頻繁にくれば、労働者は十分に休めず疲労回復が期待できなくなるでしょう[8]（図3－Ⅲ－3）。このことから、勤務間インターバルの量だけでなく、質も考慮することが労働者の健康・安全確保において重要だと考えられます。

（池田　大樹）

【参考文献】

1) Ikeda H, Kubo T, Sasaki T, Liu X, Matsuo T, So R, et al. (2018). Cross-sectional Internet-based survey of Japanese permanent daytime workers' sleep and daily rest periods. *J Occup Health*. 60(3):229-235.
2) Ikeda H, Kubo T, Sasaki T, Liu X, Matsuo T, So R, et al. (2021). Daytime workers with longer daily rest periods have smaller sleep debt and social jetlag: a cross-sectional web survey. *Behav Sleep Med*. 19(1):99-109.

3）Ikeda H, Kubo T, Izawa S, Takahashi M, Tsuchiya M, Hayashi N, et al. (2017). Impact of daily rest period on resting blood pressure and fatigue: a one-month observational study of daytime employees. *J Occup Environ Med.* 59(4):397-401.
4）Ikeda H, Kubo T, Izawa S, Nakamura-Taira N, Yoshikawa T, Akamatsu R. (2024). Joint association of daily rest periods and sleep duration with sick leave: a one-year prospective cohort study of daytime employees in Japan. *Ind Health.*
5）Cho YS, Lee S, Yoon JH, Lee J, Park JB, Lee KJ, et al. (2020). Short rest between shifts and risk of hypertension in hospital workers. *J Hypertens.* 38(2):211-217.
6）Vedaa Ø, Pallesen S, Waage S, Bjorvatn B, Sivertsen B, Erevik E, et al. (2017). Short rest between shift intervals increases the risk of sick leave: a prospective registry study. *Occup Environ Med.* 74(7):496-501.
7）Djupedal ILR, Harris A, Svensen E, Pallesen S, Waage S, Nielsen MB, et al. (2024). Effects of a work schedule with abated quick returns on insomnia, sleepiness, and work-related fatigue: results from a large-scale cluster randomized controlled trial. *Sleep.* 47(7).
8）Kubo T, Izawa S, Ikeda H, Tsuchiya M, Miki K, Takahashi M. (2021). Work e-mail after hours and off-job duration and their association with psychological detachment, actigraphic sleep, and saliva cortisol: A 1-month observational study for information technology employees. *J Occup Health.* 63(1):e12300.

Ⅳ 勤務時間外における仕事の連絡

　情報通信技術（ICT）は、時間や場所にとらわれない柔軟な働き方を労働者にもたらしました。例えば、ICTにより職場へ出社する勤務だけでなく自宅での在宅勤務、サテライトオフィス勤務などが可能となりました。また、離れた場所や時差のある国であっても、いつでもやり取りが可能となりました。これらは、ビジネスにおいて大きな恩恵をもたらし、現在ではなくてはならないものとなっています。しかし、同時にICTの普及による問題も出てきています。その一つが「勤務時間外の仕事の連絡」です。

1　勤務時間外の仕事の連絡の悪影響

　勤務時間外は、睡眠時間や余暇時間といった仕事の疲労を回復するのに重要な時間が含まれています。これに対して、勤務時間外の仕事の連絡は、直接的にこの睡眠・余暇時間を減らすだけでなく、心理的に仕事から離れられなくさせてしまい、これにより疲労回復が阻害されることが考えられます。
　実際に、勤務間インターバル（勤務時間外）が長くても、その間に仕事の連絡（メール）が高い頻度で来る人は、頻度が低い人と比べて起床時の疲労感や仕事との心理的

距離感（勤務時間外に心理的に仕事から離れられている感覚）が悪いことが報告されています[1]。そして、このような勤務時間外の仕事の連絡が続けば、疲労が回復せずに健康問題に発展していくことも考えられます。これに関連して、勤務時間外における仕事の連絡（メールや電話）頻度が健康と関連しており、過去1年に連絡がなかった人と比較して、時々あった人や頻繁にあった人は健康問題（筋骨格系の問題、精神的問題、循環器系の問題等）を有意に抱えていたことが報告されています[2]。

2　働き方による影響の違い

また、新型コロナウイルス感染症の流行により、在宅勤務が急速に普及しました。ICTを活用する在宅勤務は、同様にICTを利用する勤務時間外の仕事の連絡が生じやすい可能性があります。

そこで、私たちは働き方（出社勤務・在宅勤務）で勤務時間外における仕事の連絡の影響が異なるのかを検討しました[3]。その結果、出社勤務日と比べて、在宅勤務日は勤務時間外の仕事の連絡頻度が高く、1日当たりの連絡時間も長くなっていました。また、出社勤務・在宅勤務に関わらず、勤務時間外の連絡が長いほど仕事との心理的距離が取れなくなっていました（図3-Ⅳ-1）。一方で、出社勤務日は勤務時

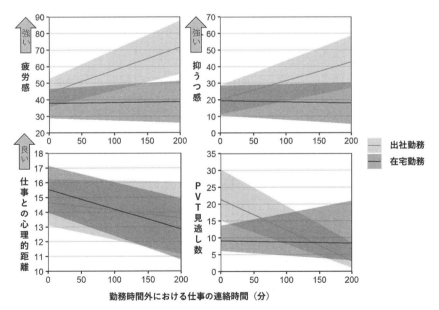

PVTはPsychomotor Vigilance Taskのことを示す。
（出典：Ikeda H, et al., 2023[3]（一部改変））

図3-Ⅳ-1　働き方（出社勤務・在宅勤務）と勤務時間外の仕事の連絡が就床前の疲労感等に及ぼす影響

間外の仕事の連絡が長いほど、就床前の疲労感や抑うつ感が強く、反応課題（PVT）の見逃し数が少なかった（覚醒度が高い、つまり就床前にもかかわらずより目が覚めていることを意味する）のですが、在宅勤務日はこのような影響は見られませんでした（図3-Ⅳ-1）。

これらの結果は、勤務時間外の仕事の連絡は、労働者の健康に悪影響を及ぼすが、働き方によってその影響が一部異なる可能性を示しています。出社勤務は在宅勤務と比べて仕事と私生活の境界が時間・空間的に明確であり、勤務時間外の連絡はプライベートな時間・空間を侵害されたとより強く感じさせ、悪影響が強く生じたのかもしれません。

3　連絡手段による影響の違い

さらに、私たちは働き方（出社勤務、在宅勤務）を統計的に調整し、連絡手段（電話、メール、既読通知のある・ないアプリ、ビデオ）の違いによって勤務時間外における仕事の連絡がどのように影響するかを見てみました[3]。その結果、ビデオ連絡時間が長いほど就床前の疲労感が強く、電話連絡が長いほど仕事との心理的距離がとれておらず、メール連絡時間が長いほど覚醒度が高くなっていました（**図3-Ⅳ-2**）。電話連絡と心理的距離の関連は先行研究[1]と同様の結果となっており、メール連絡によりPCやスマートフォンなどの明るい画面を見ることで覚醒度が上がったのかもしれ

係数(95%信頼区間)	疲労感	仕事との心理的距離	見逃し数(PVT)
電話	0.205 (−0.005〜0.417)	低下 −0.031 (−0.059〜−0.003)*	−0.008 (−0.024〜0.008)
メール	−0.030 (−0.175〜0.111)	0.003 (−0.018〜0.023)	低下 −0.012 (−0.018〜−0.005)*
アプリ（既読通知有）	0.021 (−0.170〜0.216)	−0.010 (−0.037〜0.017)	0.009 (−0.002〜0.020)
アプリ（既読通知無）	−0.027 (−0.242〜0.183)	−0.003 (−0.036〜0.030)	0.001 (−0.016〜0.018)
ビデオ	増加 0.118 (0.003〜0.230)*	−0.014 (−0.029〜0.001)	0.001 (−0.005〜0.006)

PVTはPsychomotor Vigilance Taskのことを示す。それぞれの連絡が増えることで疲労感、仕事との心理的距離、見逃し数（PVT）がどうなるかを検討した結果。※統計的に関連性が認められたもの（$p<0.05$）。

図3-Ⅳ-2　勤務時間外の仕事の連絡における手段別の影響[3]

ません。また、勤務時間外のビデオ連絡と疲労感の関係について、不適切なビデオ連絡は疲労を引き起こすことが報告されており[4]、勤務時間外のビデオ連絡も不適切なものといえ、同様に疲れが生じた可能性があります。

　勤務時間外における仕事の連絡は、労働者の健康に悪影響を及ぼすことがおわかりいただけたかと思います。この対策として、諸外国では勤務時間外に仕事の連絡への対応を拒否する権利、「つながらない権利」が法制化されている国も少なくありません。しかし、現在わが国では、「つながらない権利」は法制化されていません。勤務時間外の連絡の悪影響を考えると、労働者の健康確保のために、企業・個人単位で可能な限り勤務時間外の連絡を最小限にすることが求められるでしょう。

（池田　大樹）

【参考文献】
1) Kubo T, Izawa S, Ikeda H, Tsuchiya M, Miki K, Takahashi M. (2021). Work e-mail after hours and off-job duration and their association with psychological detachment, actigraphic sleep, and saliva cortisol: A 1-month observational study for information technology employees. *J Occup Health*. 63(1):e12300.
2) Arlinghaus A, Nachreiner F. (2014). Health effects of supplemental work from home in the European Union. *Chronobiol Int*. 31(10):1100-1107.
3) Ikeda H, Kubo T, Nishimura Y, Izawa S. (2023). Effects of work-related electronic communication during non-working hours after work from home and office on fatigue, psychomotor vigilance performance and actigraphic sleep: observational study on information technology workers. *Occup Environ Med*. 80(11):627-634.
4) Riedl R. (2022). On the stress potential of videoconferencing: definition and root causes of Zoom fatigue. *Electron Mark*. 32(1):153-177.

V　職場におけるハラスメントと疲労リスク管理

　皆さんの中には、ハラスメントを受けることと疲労リスクの間にはあまり直接的な関連がないように思う方もいるかもしれません。しかし、ハラスメント被害は、疲労回復にも重要な役割を果たす睡眠やサイコロジカル・ディタッチメント（仕事以外の時間に仕事から物理的にも、心理的にも距離をとること）を妨げることから、疲労リスク管理上も重要な課題として考えることができます。

　日本の職場環境にはさまざまな類型のハラスメントが依然存在し、労働安全衛生上

の大きな問題となっています。令和5年度に厚生労働省が実施した「職場のハラスメントに関する実態調査」では、セクシャルハラスメント（セクハラ）を除く他のハラスメントについて、労働者からの相談件数が前回の調査から変わらないと答えた企業が最も多いことが報告されており、また、パワーハラスメント（パワハラ）を経験したと回答した労働者も全体の19.3％にも上っていました[1]。日本労働組合総連合会によるハラスメントに関する調査でも、同様の結果が報告されています。働き方改革など、労働環境の見直しが進んでいる令和の時代になっても、ハラスメントは根深い問題として職場環境に存在していることがうかがえます。

1　職場におけるハラスメントの問題点

パワハラなどの職場における暴言やいじめは、労働者の抑うつや自殺などの健康リスクの上昇、そして労働生産性の低下といった影響を与えることが繰り返し示されています[2,3]。そして、精神的な攻撃はその直接的な被害者だけでなく、その場に居合わせて声を聞いてしまった間接的な被害者を複数人生む点（スピルオーバー効果）で、特に影響が大きいと考えられています。現にある調査研究によれば、パワハラが職場に存在すると答えた職員は存在しないと答えた職員と比較して、1年後の追跡調査で有意にメンタルヘルス不調のリスクが高く、また離職意思も高いことが報告されています[4]。

疲労リスク管理という観点からは、職場でのいじめやハラスメントが睡眠に与える影響に特に注意する必要があります。例えば、客観的な睡眠計測方法を使って、職場でのいじめが睡眠に与える影響を調べた調査研究があります。その結果、いじめへのばく露が睡眠の質と量の両方を悪化させること、また不安の上昇がいじめと睡眠悪化を仲介する可能性が示されています[5]。ハラスメントと睡眠の関連を調査した他の研究でも繰り返し報告されてきた通り、睡眠の質や量が低下するということは、すなわち毎日の疲労回復の機会が妨げられているということであり、日々の睡眠では回復しきれなかった疲労による悪影響が懸念されます[6]。

なお、多くの先行研究では、職場でのいじめや暴言へのばく露の有無だけを要因として、暴言などの悪影響を検証してきました。そこで私たちはさらに一歩踏み込んで、暴言の中身に着目して、暴言を聞いてしまうことの健康影響を調査しました。結果、

「死ね」や「殺す」といった命を脅かすような言葉へのばく露はうつリスクを上昇させる一方で、「使えない」や「クビだ」といった仕事の能力に関する暴言へのばく露では睡眠障害リスクを上昇させることが示唆されました[7]（図3-V-1）。仕事の能力が低いことを指摘されたことで、家に帰っても仕事のことが頭から離れず、入眠が妨げられたり、たとえ一定時間寝たとしても疲れが取れなかったりといったことが影響した可能性があります[8]。

　さらに、ハラスメントを直接的あるいは間接的にでも経験することは、生産性にも悪影響を及ぼすことが指摘されています。例えば、数人のグループで集めた実験参加者に対し、他者に対する暴言を目撃させる実験が行われています。結果、ハラスメントの現場をごく短時間目撃することでも（暴言を直接受けていなくても）、目撃しなかった群と比べて作業パフォーマンス、発想力、他者に対する親切さの全てが最大で6割も低下することが明らかになっています[9]。したがってハラスメントが存在する職場というのは、労働者の健康に影響しうるだけでなく、労働生産性が低下するリスクも抱えていることになります。そして労働者の生産性が低下するということは所定の労働時間で終えることのできる仕事量が減るということなので、時間外労働が増えてさらに疲労が蓄積したり睡眠時間が侵食されたりして、さらなる悪循環に陥っていく可能性もはらんでいます。

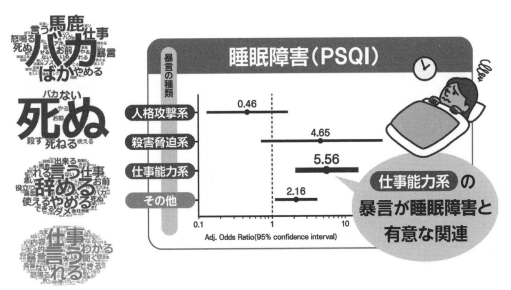

図3-V-1　暴言タイプ別の睡眠障害リスクとの関連[7]

以上のことから、職場におけるハラスメントは疲労リスクとは直接関連しないようでいて、実は疲労からの回復を阻害するという面などから労働者の健康や安全にとって重大なリスク因子となっていることがわかります。そんなことはわざわざ調査しなくてもみんなわかってるよ！　という方もいるかもしれません。

　しかし、職場において聞いたことがある暴言を集めた私たちの調査結果からは、「お前のために怒っているんだ」や「会社のために君を叱っている」など、業務上必要な行為であると正当化されるようなものも散見されました。職務上必要な指導やコミュケーションとハラスメントとの間の線引きは、文脈や言う人言われる人の関係性、その他多くの要因に左右されるため、一筋縄で片付けられるものではありません。とはいえ、何かを言われた側が暴言やハラスメントと受け取った場合において悪影響が生じることが繰り返し報告されている以上、労働者の健康を守るためそして組織の生産性を最大限高めていくためにも、ハラスメント対策は継続して実施する必要があると考えられます。

（西村　悠貴）

【参考文献】
1） PwCコンサルティング合同会社（2024）「令和5年度　厚生労働省委託事業　職場のハラスメントに関する実態調査報告書」
　　https://www.mhlw.go.jp/content/11200000/001256079.pdf（2024年12月10日アクセス）
2） Leach LS, Poyser C, Butterworth P. (2017). Workplace bullying and the association with suicidal ideation/thoughts and behaviour: a systematic review. *Occup Environ Med.* 2017 Jan; 74(1):72-79.
3） Boudrias V, Trépanier SG, Salin D. (2021). A systematic review of research on the longitudinal consequences of workplace bullying and the mechanisms involved. *Aggress Violent Behav.* 2021 Jan 1; 56:101508.
4） Tsuno K, Kawachi I, Kawakami N, Miyashita K. (2018). Workplace bullying and psychological distress a longitudinal multilevel analysis among Japanese employees. *J Occup Environ Med.* 60(12):1067-1072.
5） Rodríguez-Muñoz A, Antino M, Díaz-Guerra A, Sanz-Vergel AI, Bakker AB. (2024). Short-term effects of exposure to workplace bullying on objective sleep: an actigraphy diary study. *J Sleep Res.* 2024 Nov 27; Early View: e14412.
6） Nielsen MB, Harris A, Pallesen S, Einarsen SV. (2020). Workplace bullying and sleep - A systematic review and meta-analysis of the research literature. *Sleep Med Rev.* 2020 Jun 1; 51:101289.
7） Nishimura Y, Matsumoto S, Sasaki T, Kubo T. (2024). Impacts of workplace verbal aggression classified via text mining on workers' mental health. *Occup Med.* 2024 Feb 12; 74(2):186-192.
8） Matick E, Kottwitz MU, Lemmer G, Otto K. (2021). How to sleep well in times of high job demands: The supportive role of detachment and perceived social support. *Work Stress.* 2021 Oct 2; 35(4):358-373.

9) Porath CL, Erez A. (2009). Overlooked but not untouched: How rudeness reduces onlookers' performance on routine and creative tasks. *Organ Behav Hum Decis Process*. 109(1):29-44.

Ⅵ　セルフモニタリングと疲労リスク管理

1　セルフモニタリングの重要性

　疲労は労働災害や事故のメジャーなリスク要因であり、そういった疲労リスクの適切な管理において使用者側に主たる責任があることは、本書の中で繰り返し指摘されている通りです。一方で使用者側だけでなく、各労働者が自身の心身の状態を正確に自覚（セルフモニタリング）し休憩や健康管理などの適切な対処を行うことは、疲労による事故やその前段階であるヒヤリ・ハットを防ぐ要であると考えられています[1, 2]。これは、言い換えるなら労働者レベルにおける疲労リスク管理であるといえるでしょう。なお、セルフモニタリングという言葉は、例えば看護の世界だけでも複数の意味を持ちますが、ここでは先に述べたように、ヒトが自身の心身の状態を正確に自覚する能力全般のことを指します。

　正確なセルフモニタリングは労働者本人の健康や安全だけでなく、その労働者の職務に関連して、看護師なら患者さん、運転手なら荷物や乗客の健康や安全にも直結します。特に、自身の発揮できるパフォーマンスを実態よりも高く見積もってしまうと、適応的な行動につながりにくくなり、事故だけでなく健康を害するリスクも高まってしまいます。また逆に、自身の発揮できるパフォーマンスを実態より低く見積もることは一見安全確保上良いようにも思われますが、保守的な意思決定につながるという点から、労働生産性（効率性）などの問題があります（例えば、一人当たりの生産性が低下すると、時間外労働や人手不足につながり得ます）。

　したがって、災害リスクを低く抑えることに加えて、労働者一人ひとりのセルフモニタリング能力を一定程度に保つことも、疲労リスク管理上とても重要です。

2　セルフモニタリング能力に影響する要因

　基本的に、疲労が蓄積すればするほど、私たちの認知能力も作業パフォーマンスも低下していくと考えられており、これが適切な疲労リスク管理が必要な主たる理由です。そして、変化した能力をセルフモニタリングすることも、私たちヒトが持つ認知

能力の一種です。一方で、セルフモニタリングの正確性は、疲労以外にもタスクの難易度や個人の認知特性などさまざまな要因と関連することが報告されており[3〜6]、セルフモニタリング能力を保つためには単に疲労を減らすだけでは不十分である可能性があります。

これまで私たちの研究チームでは、どのような負荷がセルフモニタリング能力に影響するのかについて、実験室実験に加えて、実際の病棟看護師さんを対象とした現場調査も実施して検証してきました。ここでは、先行研究と私たちの研究から得られた知見に基づいて、セルフモニタリング能力を左右し得る要因について、見ていきたいと思います。

セルフモニタリングに関する研究の端緒ともいえる研究は、睡眠がとれずに蓄積した疲労が、セルフモニタリング能力にどの程度影響するか確かめるものでした[7,8]。結果として、睡眠が不足すると課題成績が落ち込むものの、そのパフォーマンス低下は比較的正確に認知されていたと報告されています。また、セルフモニタリングには何かを実施する前の事前予測値の正確性と、実施後の自己採点の正確性という2つの側面がありますが、事後評価よりも事前予測値の方が疲労や睡眠不足の影響を受けやすいことが報告されています。一方で、その後のセルフモニタリングに関する研究からは、比較的正確なセルフモニタリングに加えて、楽観的過ぎるあるいは悲観的過ぎるセルフモニタリングも報告され、統一した見解は得られていません[3]。

私たちは、統一見解が得られない要因の一つに、個人特性が考慮されていないことがあるのではないかと考え、朝型夜型傾向の違いが断眠時のセルフモニタリング成績とどのように関連するか調べました[5]。その結果、特に断眠時間が長くなってくる実験の後半においてセルフモニタリングが悪化すること、そして特に朝型傾向の強い人でセルフモニタリングが悪化しやすい可能性が示されました。実験プロトコルが夜型の人たちの生活リズムに少し近かったことなども要因として考えられますが、個人の夜勤耐性や健康管理を考えるうえでも有効な成果であると考えています。

また、別の実験では病棟看護師さんたちを対象としたフィールド調査も実施しました[4]。毎日の勤務時間帯が異なるシフトワーカーや、本来は寝ている時間帯である夜に働く夜勤者はパフォーマンスが変化しやすいため[9]、交替制勤務や夜間勤務によるパフォーマンスの変動を正確に自覚する能力は、一般的な労働者よりも重要であるといえます。この調査では、参加者に3週間の計測期間中の全ての退勤直前にセルフモニタリング評価を行っていただきました。その結果、夜勤が終わった後のセルフモニタリングは、準夜勤や日勤が終わった後のセルフモニタリングよりも悲観的になりや

すく、安全上の懸念は低いものの、生産性等の観点からは注意が必要であることがわかりました。この結果は、労働時間や睡眠時間で統計モデルを調整しても変わりませんでした。

さらに、前節（第3章のV）の内容とも関連して、暴言が聞こえてくる環境などの、肉体的というよりも精神的にストレスフルな環境におけるセルフモニタリングについても、現在研究を進めています。

この節では、労働者が自分の発揮できるパフォーマンスについて自分で評価する能力であるセルフモニタリングの重要性と、セルフモニタリングの正確性と関連する要因について紹介しました。先行研究から、労働者のセルフモニタリングの正確性を高めるためには、単なる自己管理にとどまらず、企業側が働きやすい職場環境を整えることの重要性が繰り返し示されています。例えば、夜勤後の勤務間インターバルを確保したり、シフトワークの負担を軽減する取り組みを行ったりすることが重要であると考えられます。

労働に起因する疲労を適切にマネジメントし、労働災害の防止そして生産性の向上につなげていくには、労使双方の取り組みが必要です。なかなか自分のペースで休憩をとることが難しい方もおられるとは思いますが、労働者は自分の身体や精神の状態を正しく認識し、必要に応じて休息を取ったりヘルプを求めたりすることが重要です。一方で、企業はそうした個人による自己管理を後押しする職場環境を整備することが求められるでしょう。

（西村 悠貴）

【参考文献】

1) Slovic P. (1978). The psychology of protective behavior. *J Safety Res*. 10(2):58-68.
2) Stanton NA, Chambers PRG, Piggott J. (2001). Situational awareness and safety. *Saf Sci*. 2001 Dec 1; 39(3):189-204.
3) Boardman JM, Porcheret K, Clark JW, Andrillon T, Cai AWT, Anderson C, et al. (2021). The impact of sleep loss on performance monitoring and error-monitoring: A systematic review and meta-analysis. *Sleep Med Rev*. 2021 Aug; 58:101490.
4) Nishimura Y, Ikeda H, Matsumoto S, Izawa S, Kawakami S, Tamaki M, et al. (2023). Impaired self-monitoring ability on reaction times of psychomotor vigilance task of nurses after a night shift. *Chronobiol Int*. 2023 Mar 27; 40(5):603-611.
5) Nishimura Y, Ohashi M, Eto T, Hayashi S, Motomura Y, Higuchi S, et al. (2025). Association of self-monitoring performance of cognitive performance with personal diurnal preference when sleep-deprived. *Chronobiol Int*. [In press].
6) Hautz WE, Schubert S, Schauber SK, Kunina-Habenicht O, Hautz SC, Kämmer JE, et al. (2019). Accuracy of self-monitoring: does experience, ability or case difficulty matter? *Med Educ*. 53(7):735-744.

7) Baranski JV, Pigeau RA. (1997). Self-monitoring cognitive performance during sleep deprivation: Effects of modafinil, d-amphetamine and placebo. *J Sleep Res*. 6(2):84-91.
8) Dorrian J, Lamond N, Dawson D. (2000). The ability to self-monitor performance when fatigued. *J Sleep Res*. 9(2):137-144.
9) Zion N, Shochat T. (2018). Cognitive functioning of female nurses during the night shift: The impact of age, clock time, time awake and subjective sleepiness. *Chronobiol Int*. 2018 Nov 2; 35(11):1595-1607.

第4章

疲労回復で重要なこと

オフには仕事から心理的にも離れることを中心に、DRAMMAモデルや睡眠、レジリエンス等について解説します。

第4章 疲労回復で重要なこと

Ⅰ 仕事から心理的に離れる

1 サイコロジカル・ディタッチメントの重要性

　仕事の後に回復のために十分な休息をとることは、疲労対策の要です。仕事に関連する考えを意識的に断ち切り、身体だけでなく、心と脳を休ませることが重要です。仕事以外の時間に仕事から物理的にも、心理的にも距離をとることは、専門用語では「サイコロジカル・ディタッチメント」と呼ばれています。サイコロジカル・ディタッチメントにより、疲労からの回復が促進され、長期的にも心身の健康が保たれることが科学的に証明されています。

　ある日本人労働者を対象とした28カ月間隔の追跡調査では、ストレス要因の多い職場環境にあっても、仕事以外の時間にサイコロジカル・ディタッチメントが確保できていた人では、後の抑うつ症状が軽減されることが明らかになりました[1]（図4－Ⅰ－1）。しかし、すでに強い抑うつ症状を抱えていた場合には、仕事から心理的に距離を取ること自体が難しくなり、時間の経過とともに状況が一層悪化しやすくなります。

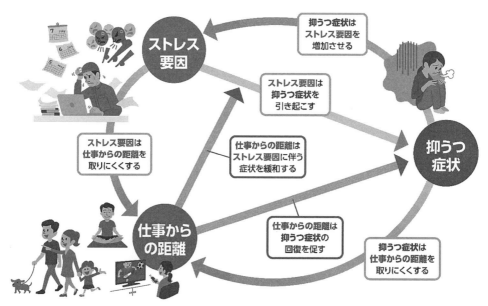

図4－Ⅰ－1　ストレス要因とサイコロジカル・ディタッチメント、抑うつの関連性[1]

2　リカバリー・パラドックス

　サイコロジカル・ディタッチメントが必要なときに限って、仕事から離れることが難しくなる現象は、「リカバリー・パラドックス」として知られています[2]。ストレスの影響で緊張感が高まっていると、意識して休もうとしても、なかなか頭から仕事を追い出すことができません。疲労によるエネルギーの低下や、IT化に伴ういつでも仕事につながれる環境も、仕事からの心理的な切り替えを困難にする要因です。リカバリー・パラドックスを回避するためには、まず回復可能な範囲に疲労を抑えることが大切です。加えて、万が一リカバリー・パラドックスの状態に陥った場合には、できるだけ早めに長めの休暇を取るなどの対処をすることが重要です。

　仕事に関するネガティブで反復的な思考は、「感情的反すう」と呼ばれています。特に仕事以外の時間に、仕事上の嫌な出来事やミスについて繰り返し思い返すことで、サイコロジカル・ディタッチメントが妨げられると、疲労回復が進みにくくなります。

　心身が十分に元気なときには、仕事以外の時間にふと有益なアイデアが浮かんだり、休日のリラックスした時間に仕事のスケジューリングについて考えることが役に立つ場合もあるでしょう。このような建設的な思考と、感情的反すうを区別した場合、特に後者によってサイコロジカル・ディタッチメントが妨げられることが問題と考えられます。

　後述するマインドフルネスやヨガなど、感情的反すうに対処するスキルを身につけることは、日々のサイコロジカル・ディタッチメントを促進し、リカバリー・パラドックスから抜け出すために役立ちます（**図4-Ⅰ-2**）。

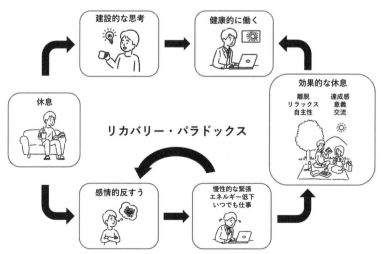

図4-Ⅰ-2　リカバリー・パラドックスと効果的な休息

3　DRAMMAモデルと効果的な余暇の過ごし方

　休日に仕事からうまく距離を取り、感情的反すうを避け、リカバリー・パラドックスに対処するためには、余暇を効果的に過ごすコツを理解し、実践することが有益です。DRAMMAモデル（**図4-Ⅰ-3**）はそのための指針になります[3]。ここでは、DRAMMAの構成要素に沿って、効果的な余暇の過ごし方を紹介します。

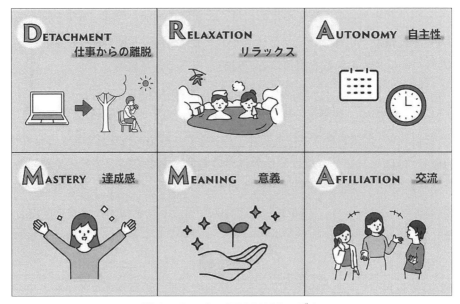

図4-Ⅰ-3　DRAMMAモデル

① 　離脱：仕事から距離を取る

　「Detachment（離脱）」は、サイコロジカル・ディタッチメントと重なる概念です。職場から物理的に離れるだけでなく、仕事を思い出させるメールやチャットを見ない、仕事に関連した悩みを意図的に手放すなど、「仕事モード」から心を解放することがポイントです。上述のように、ただ意識するだけでは難しいことが多いので、DRAMMAの他の構成要素をうまく組み合わせて、取り組むことが重要です。

② 　リラックス：心身を解きほぐす

　「Relaxation（リラックス）」は、心身の緊張を緩和し、ストレス反応を抑え、疲労の軽減につながります。ゆっくりとお風呂に入る、ソファで好きな音楽を聴く、深呼吸や軽いストレッチをするなど、自分が「心地よい」と感じるリラックス法を見つけ、実践することが重要です。最近ではマインドフルネスという「今、この瞬間」に意識

を集中する方法や、ヨガで身体を動かしながら、意識を内面に向ける方法も知られています。これらの方法は、リラックス効果に加え、思考から意識を切り離すことで、感情的反すうを弱める効果も期待できます。

③ 自主性：自由に選択する

「Autonomy（自主性）」は、余暇時間の過ごし方を自分自身で決めることです。義務感や他者からの強制ではなく、「今日は何をしたいか」を自分で考え、自由に過ごせると、気分転換になり、疲労回復が進みやすくなります。例えば、「今日は何もしないで過ごす」と自ら決めることも、立派な自主性の実践です。逆に家事や持ち帰り仕事など、「やらなければならないこと」のための時間で休日が埋まってしまっていると、自主性が発揮されず、回復の妨げになります。

④ 達成感：小さな成功体験を積む

「Mastery（達成感）」は、余暇を通じて何らかの新しいスキルや知識を身につける、あるいは、趣味の腕を上げるなど、「できるようになった」という成功体験を得ることです。例えば、料理が趣味の方であれば、新しいレシピに挑戦し、おいしい料理が完成したときの達成感は、日常のストレスから気持ちを解放し、エネルギーを増強することにつながります。

⑤ 意義：自分にとって価値あることをする

「Meaning（意義）」は、その行動が自分自身の価値観や大切な信念に合致していると感じられることを指します。家族や大切な人と過ごす、社会貢献活動を行う、興味のある分野の読書や創作に没頭するなど、「自分にとって本当に意味がある」と感じられる余暇は、心を豊かにし、仕事からのサイコロジカル・ディタッチメントを高め、活力を生み出します。

⑥ 交流：他者とのつながり

DRAMMAモデルの最後は、「Affiliation（交流）」です。人とのつながりやポジティブなコミュニケーションは、他者からサポートされている感覚を強め、心理的な安定につながります。家族や友人と笑い合い、同じ趣味を持つ仲間と交流することで、仕事のことを忘れ、心地よい人間関係から生まれる充足感を得ることができます。

4　DRAMMAモデルの活用方法

　以上の6つの要素は、一度に全てを満たす必要はありません。まずは自分に合ったいくつかの要素を意識的に取り入れてみるところから始めてみましょう。例えば、仕事帰りに好きな音楽を聴きながら散歩をすることで、Detachment（離脱）とRelaxation（リラックス）を実現することができます。

　ただし、リラックスとリフレッシュのバランスには注意しましょう。心と身体を休めることは、エネルギーの回復につながりますが、Mastery（達成感）、Meaning（意義）、Affiliation（交流）に関連した活動は、リフレッシュできて気分転換になることで活力を感じますが、過剰になるとエネルギーを消耗することがあります。何事も適度に、無理なく、心地よくできる程度に行うのが重要です。

　仕事から心理的に離れる「サイコロジカル・ディタッチメント」の重要性と、その考え方を実行に移すための指針としてDRAMMAモデルを紹介しました。疲労を過労へと悪化させないためには、職場のストレス要因そのものを減らす努力と同時に、仕事以外の時間を活用して心身を回復させる必要があります。次に紹介する睡眠やレジリエンスといった疲労回復に必要な別の側面も含めて、サイコロジカル・ディタッチメントの知見が、過労を防止し、心身の健やかさを保ちながら熱心に仕事を継続するための一助となることを期待します。

（木内　敬太）

【参考文献】
1 ）Kiuchi K, Sasaki T, Takahashi M, et al. (2023). Mediating and Moderating Effects of Psychological Detachment on the Association Between Stressors and Depression: A Longitudinal Study of Japanese Workers. *J Occup Environ Med*. 65(3):e161-e169.
2 ）Sonnentag S. (2018). The recovery paradox: Portraying the complex interplay between job stressors, lack of recovery, and poor well-being. *Research in Organizational Behavior*. 38:169-185.
3 ）Kujanpää M, Syrek C, Lehr D, et al. (2021). Need Satisfaction and Optimal Functioning at Leisure and Work: A Longitudinal Validation Study of the DRAMMA Model. *J Happiness Stud*. 22:681-707.

Ⅱ 睡眠のとり方

　適切な（良い）睡眠をとることは、健康・安全の確保において重要です。不適切な睡眠（睡眠時間が短い、睡眠の質が悪いなど）は、さまざまな疾病や交通事故等と関連することが報告されています。さらに、労働者であれば、睡眠の量や質の問題が病気欠勤[1]、就業不能による退職[2]、業務上のケガ[3]、生産性の低下[4]などにつながることが報告されています。また、近年、不規則な睡眠がさまざまな健康問題と関連することも報告されています[5,6]。これらのことを考えると、睡眠の量、質、規則性を考慮した睡眠をとることが、労働者の健康・安全において重要であると考えられます。

1　睡眠の量・質・規則性から考える適切な睡眠

　適切な睡眠について、まずは量的な側面から考えていきたいと思います。健康面等を考慮した適切な睡眠時間についてはいくつかの知見がまとめられています。例えば、日本では厚生労働省の「健康づくりのための睡眠ガイド2023」において「成人においては、おおよそ6〜8時間が適正な睡眠時間と考えられ、1日の睡眠時間が少なくとも6時間以上確保できるように努めることが推奨されます」と記されています[7]。また、米国国立睡眠財団は、成人（26〜64歳）では7〜9時間の睡眠を推奨しており、6〜7時間の睡眠も適切だろうとしています[8]。その他、米国睡眠医学会・米国睡眠学会の共同声明では、成人（18〜60歳）は、健康のために毎晩7時間以上眠るべきであるとしています[9]。まとめると、おおむね6時間未満は不適切であり、6〜9時間が適切と考えられる睡眠時間といえるでしょう。これに対して、日本の勤労世代（20〜59歳）の睡眠時間の実態を見てみると、6時間未満が46％となっていました[10]（表4−Ⅱ−1）。以上より、約半数の労働者の睡眠時間は足りていないと考えられます。

　次に、睡眠の質について考えていきたいと思います。睡眠の質を客観的に測定するゴールデンスタンダードは「睡眠ポリグラフ」という脳波や眼球運動、筋電図といった生理指標を測定する方法です。その他、活動量等により睡眠を推定する機器も客観的指標として用いられています。そして、このような客観的指標から得られたデータにより推奨される睡眠の質について米国睡眠財団がコンセンサスを出しています[11]。ただし、睡眠を客観的に測定する手段を持たない方も多いと思います。そこで、ここではこの論文で報告された指標のうち、主観的にもある程度判断できるもののみ、その一部を紹介します（なお、睡眠の質（量もなのですが）は、客観的指標と主観的指標

表4-Ⅱ-1　推奨睡眠時間と日本の勤労世代（20〜59歳）の睡眠時間

睡眠時間	日本 （厚生労働省）[7]	米国睡眠財団[8]	米国の睡眠に 関する2学会の 共同声明[9]	勤労世代の 割合[10]
5時間未満	×	×	×	10%
5〜6時間	×	×	×	36%
6〜7時間	◎	○	×	36%
7〜8時間	◎	◎	◎	14%
8〜9時間	◎	◎	◎	3%
9時間以上	△	△	△	1%

×：不適切・推奨されないと考えられる時間。△：時間や状況によって適切・不適切であったり、現状の知見からははっきりしないと考えられる時間。○：おそらく適切と考えられる時間。◎：推奨される・適切と考えられる時間。

が一致しないこともありますので、参考程度としておいてください）。

　成人であれば、入眠潜時（眠ろうとしてから実際に眠るまでにかかる時間）は30分以下、中途覚醒（眠ってから朝起きるまでに生じる一時的な覚醒）数（この論文では5分より短い覚醒）は1回以下、中途覚醒の総時間は20分以下、睡眠効率（実際に眠っていた時間を眠るために布団やベッドに入っていた時間で割った値）は85％以上、などが適切な睡眠の質とされています。

　また、上記の「健康づくりのための睡眠ガイド2023」では、睡眠時間の確保とともに「睡眠による休養感」を重視しています。つまり、睡眠により休養が取れている感覚があることも良い睡眠の目安といえるでしょう。

　そして、睡眠の規則性については、日々の睡眠の時間が不規則であること（この日は5時間しか眠れなかった、この日は9時間も眠ったなど）、睡眠のタイミング（就床時刻、就床時刻と起床時刻の中央時刻等がその指標とされています）が不規則であることが、健康問題と関連することが報告されています[5]。このことから、毎日同じ時間、同じタイミングで睡眠をとるという規則的な睡眠が健康にとって良いといえるでしょう（ただし、上述の通り、極端に短かったり長かったりするのは良くないといえるでしょう）。

　また、紙面の都合上ここでは省きますが、適切な睡眠を維持するうえで、睡眠環境や睡眠と関連する病気（睡眠障害など）も考慮することも重要です。

2 適切な睡眠をとるための働き方・休み方

　労働者が適切な睡眠をとるための働き方・休み方について、ここでは固定時間制（日勤）の勤務形態について考えていきたいと思います。睡眠時間を確保するには、長時間労働を防ぐとともに、日々の勤務間インターバルを確保することが重要です（第3章のⅢ「勤務間インターバルが短い勤務」を参照してください）。勤務間インターバルには睡眠をとる機会が含まれ、そのため勤務間インターバルの量、質、規則性は睡眠に影響を及ぼします。

　例えば、勤務間インターバルの量について、勤務間インターバルが短い人ほど睡眠時間が短いだけでなく睡眠の質が悪く[12]、勤務間インターバルの延長が睡眠の量や質の改善につながることが報告されています[13]。勤務間インターバルの質については、勤務間インターバル中に仕事の連絡頻度が高いとインターバルが長くても起床時の休養感が少ないことが報告されており[14]、勤務間インターバル中にしっかり休み、睡眠をとることが重要といえます。勤務間インターバルの規則性については、勤務間インターバルを一定時間以上確保できた場合であっても、日々の勤務間インターバルの長さやタイミングが不規則な人は、睡眠の時間やタイミングも不規則であることが報告されています[15]（図4-Ⅱ-1）。そのため、普段から規則的な睡眠（時間・タイミング）をとることを心がけ、それを維持することを意識するとよいでしょう。

　また、会社の勤務時間等の社会的要因によりリズムが形成されやすい「勤務日の睡眠のタイミング」と、比較的裁量度が高く生体リズムによりリズムが形成されやすい「休日の睡眠のタイミング」がずれている人は少なくなく、このずれは「社会的時差ぼけ」と呼ばれ、健康等に悪影響を及ぼすことが報告されています[16]。そのため、勤務日だけでなく、休日の睡眠も規則的にした方が良いといえます。ただし、勤務日の睡眠が短い場合、休日に睡眠を補うことが健康において有益である可能性も示唆されています[6]。

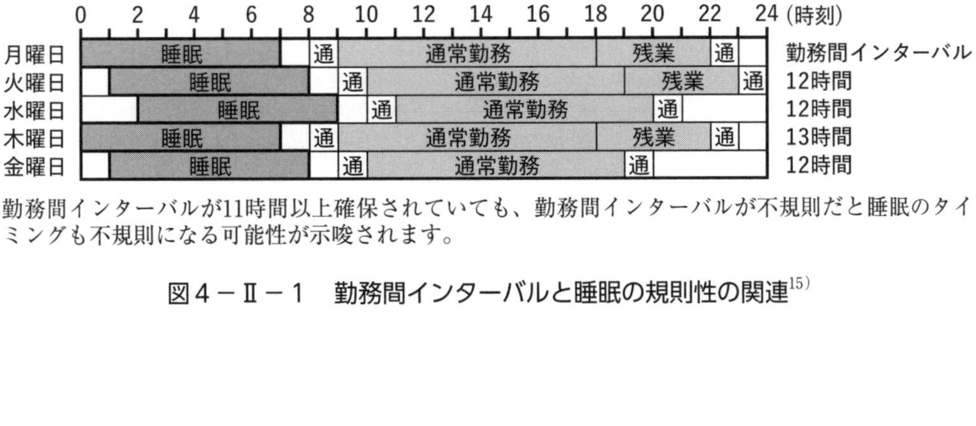

勤務間インターバルが11時間以上確保されていても、勤務間インターバルが不規則だと睡眠のタイミングも不規則になる可能性が示唆されます。

図4-Ⅱ-1　勤務間インターバルと睡眠の規則性の関連[15]

一方、24時間社会である現代の働き方は固定時間制だけではなく、不規則勤務や交替制勤務（夜勤専従含む）の労働者も少なくありません。本来眠っている時間に働く夜勤を含む交替制勤務や不規則勤務においては、不規則な睡眠を引き起こし、睡眠や健康に悪影響を及ぼすことが報告されています[17,18]（詳細は第3章のⅡ「不規則勤務（夜勤・交替制勤務など）の健康・安全への影響」（26ページ）を参照してください）。このため、交替制勤務等においては、特に働き方に注意が必要となります。この対策として、例えば11時間未満の短い勤務間インターバルを減らすことが不眠や日中の眠気の改善につながったことが報告されています[19]。このような対策については、第5章のⅧ「交替制勤務のシフトスケジューリングで配慮すべき点」を参照してください。

　ここでは、適切な（良い）睡眠とはどのようなものか、それをとるためには労働者はどのような点に注意すべきかを記載しました。適切な、良い睡眠をとることは、労働者の健康・安全において重要です。そのためには、社会（国や企業、事業所）が労働者に適切な睡眠をとるための労働・休息環境を設けること、さらに労働者がその間にきちんと休息・睡眠をとることが必要だと考えられます。

（池田　大樹）

【参考文献】
1）Lallukka T, Haaramo P, Rahkonen O, Sivertsen B. (2013). Joint associations of sleep duration and insomnia symptoms with subsequent sickness absence: The Helsinki Health Study. *Scandinavian Journal of Public Health*. 41:516-523.
2）Haaramo P, Rahkonen O, Lahelma E, Lallukka T. (2012). The joint association of sleep duration and insomnia symptoms with disability retirement - a longitudinal, register-linked study. *Scandinavian Journal of Work Environment and Health*. 38(5): 427-435.
3）Uehli K, Miedinger D, Bingisser R, Dürr S, Holsboer-Trachsler E, Maier S, et al. (2014). Sleep quality and the risk of work injury: a Swiss case-control study. *J Sleep Res*. 23(5):545-553.
4）Guertler D, Vandelanotte C, Short C, Alley S, Schoeppe S, Duncan MJ. (2015). The association between physical activity, sitting time, sleep duration, and sleep quality as correlates of presenteeism. *J Occup Environ Med*. 57(3):321-328.
5）Huang T, Mariani S, Redline S. (2020). Sleep irregularity and risk of cardiovascular events: the multi-ethnic study of atherosclerosis. *J Am Coll Cardiol*. 75(9):991-999.
6）Sletten TL, Weaver MD, Foster RG, Gozal D, Klerman EB, Rajaratnam SMW, et al. (2023). The importance of sleep regularity: a consensus statement of the National Sleep Foundation sleep timing and variability panel. *Sleep Health*. 9(6):801-820.
7）厚生労働省（2024）「健康づくりのための睡眠ガイド2023」

https://www.mhlw.go.jp/stf/seisakunitsuite/bunya/kenkou_iryou/kenkou/suimin/index.html.

8) Hirshkowitz M, Whiton K, Albert SM, Alessi C, Bruni O, DonCarlos L, et al. (2015). National Sleep Foundation's sleep time duration recommendations: methodology and results summary. *Sleep Health*. 1(1):40-43.
9) Watson NF, Badr MS, Belenky G, Bliwise DL, Buxton OM, Buysse D, et al. (2015). Recommended Amount of Sleep for a Healthy Adult: A Joint Consensus Statement of the American Academy of Sleep Medicine and Sleep Research Society. *Sleep*. 38(6):843-844.
10) 厚生労働省（2020）「令和元年国民健康・栄養調査報告」
https://www.mhlw.go.jp/stf/seisakunitsuite/bunya/kenkou_iryou/kenkou/eiyou/r1-houkoku_00002.html.（2024年10月23日アクセス）
11) Ohayon M, Wickwire EM, Hirshkowitz M, Albert SM, Avidan A, Daly FJ, et al. (2017). National Sleep Foundation's sleep quality recommendations: first report. *Sleep Health*. 3(1):6-19.
12) Ikeda H, Kubo T, Sasaki T, Liu X, Matsuo T, So R, et al. (2018). Cross-sectional Internet-based survey of Japanese permanent daytime workers' sleep and daily rest periods. *J Occup Health*. 60(3):229-235.
13) Ikeda H, Kubo T, Sasaki T, Nishimura Y, Liu X, Matsuo T, et al. (2022). Prospective changes in sleep problems in response to the daily rest period among Japanese daytime workers: A longitudinal web survey. *J Sleep Res*. 31(1):e13449.
14) Kubo T, Izawa S, Ikeda H, Tsuchiya M, Miki K, Takahashi M. (2021). Work e-mail after hours and off-job duration and their association with psychological detachment, actigraphic sleep, and saliva cortisol: A 1-month observational study for information technology employees. *J Occup Health*. 63(1):e12300.
15) Ikeda H, Kubo T. (2024). The association between work interval regularity and sleep regularity: a 2-week observational study in daytime employees. *J Occup Health*. 66(1):uiae009.
16) Beauvalet J, Quiles C, Oliveira M, Ilgenfritz C, Hidalgo M, Tonon A. (2017). Social jetlag in health and behavioral research: a systematic review. *ChronoPhysiology and Therapy*. 7:19-31.
17) Kecklund G, Axelsson J. (2016). Health consequences of shift work and insufficient sleep. *BMJ*. 355:i5210.
18) Nicholson PJ, D'Auria DA. (1999). Shift work, health, the working time regulations and health assessments. *Occup Med* (Lond). 49(3):127-137.
19) Djupedal ILR, Harris A, Svensen E, Pallesen S, Waage S, Nielsen MB, et al. (2024). Effects of a work schedule with abated quick returns on insomnia, sleepiness, and work-related fatigue: results from a large-scale cluster randomized controlled trial. *Sleep*. 47(7).

Ⅲ　レジリエンスとワーク・エンゲイジメント

　疲労に対処しながらも仕事へのモチベーションを高めるには、単に「休むこと」だけではなく、「逆境での強さ」であるレジリエンスや、「仕事に前向きに没頭できるエ

ネルギー」であるワーク・エンゲイジメントの両面に着目することが重要です。これらは一見すると同じような「ストレス耐性」や「やる気」を扱っているように見えますが、実際には切り口が異なります。本節では、まず両者の違いを明確にしながら、それぞれが疲労対策にどのように役立つかを解説します。そのうえで、両者を併記する意義や、組み合わせることで得られる相乗効果について考えます。

1　レジリエンスの定義と特徴

　レジリエンスは「逆境での強さ」や「しなやかさ」を意味し、ストレス下にあってもメンタルをしなやかに保ち、そこから立ち直る能力を指します。例えば、業務が多忙で疲労が蓄積しても、「どのようにリソースを再配分するか」、「周囲の協力をどう得るか」といった建設的な対策を考えられるのがレジリエンスの高い人です。これは一種の「防御力」や「回復力」であり、ストレス要因や疲労の影響を最小限にとどめる役割を果たします。

2　レジリエンスを高めるアプローチ

　個人の取り組みとしては、特定の業務や状況に対処できるという自信を高めるトレーニングや、セルフケア（十分な睡眠と休息、適切な食事、気分転換、運動習慣など）が、レジリエンスを高めます（図4－Ⅲ－1）。

　組織の取り組みとしては、メンタルヘルス研修や相談窓口の設置、コーチング制度の整備などが、個人のレジリエンスを引き出す環境整備として有益です。例えば、災害時の対応では、人事部門が率先して従業員のワーク・エンゲイジメントを保ちつつ、レジリエンスの発揮を促す対応を行うことで、組織全体の回復力を底上げすることができると報告されています[1]。

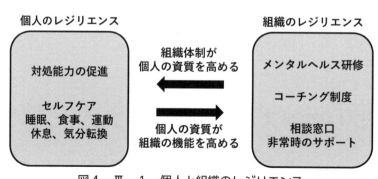

図4－Ⅲ－1　個人と組織のレジリエンス

3　ワーク・エンゲイジメントの定義と要素

ワーク・エンゲイジメントは「活力（Vigor）」「熱意（Dedication）」「没頭（Absorption）」の3要素で構成され、仕事に対するポジティブな感情と意欲を表します（**図4-Ⅲ-2**）。これは一種の「攻めの力」であり、仕事に集中しやすく、高いモチベーションを維持しながら課題に取り組める点が特徴です。レジリエンスが逆境に耐える力なのに対して、ワーク・エンゲイジメントは、前進する力といえます。

医療現場における研究では、レジリエンスとワーク・エンゲイジメントの関連が示されていて、両方を促進することがバーンアウト（燃え尽き症候群）の予防やケアの質向上につながることが示唆されています[2]。

図4-Ⅲ-2　ワーク・エンゲイジメントの構成要素

4　ワーク・エンゲイジメントを高める方法

個人の取り組みとしては、自分の強みを理解して仕事に活かす、自分の活動や業績に対してポジティブに評価する、成長実感が得られる目標を設定するなどの方法がワーク・エンゲイジメントを高めると考えられます。

組織の取り組みとしては、裁量や適度に挑戦的な業務を与え、成功体験を共有する場を設ける、安心して意見を言える風土をつくるなどが、ワーク・エンゲイジメントを促進すると考えられます。

ワーク・エンゲイジメントが高いと疲労を感じにくくなり、仕事に没頭するなかで得られる達成感や自信がさらに疲労の回復を早める効果も期待できます。また、レジリエンスとの相乗効果で、組織が健康的かつ持続的に成長することを目指す「HERO（Healthy and Resilient Organizations／健康でレジリエントな組織）」の枠組みも提案されています[3]（**図4-Ⅲ-3**）。

```
           希望
      ・仕事のしやすさ
      ・人的支援
      ・支援的な組織慣行

健康な個人／チーム              健康な組織の成果
・自信、能力、楽観性などの      ・パフォーマンス向上
 個人の心理的資源               ・組織コミットメント促進
・チームのレジリエンスなど      ・質の高い製品とサービス
 の集団的な心理的資源           ・地域社会との良好な関係
                                と顧客ロイヤルティ
```

図4－Ⅲ－3　HERO（健康でレジリエントな組織）モデル[3]

　レジリエンスとワーク・エンゲイジメントは、どちらも、疲労を抑えて前向きに仕事に取り組む上で欠かせない要素ですが、レジリエンスは守り、ワーク・エンゲイジメントは攻めの側面といえます。どちらか一方のみでは「休めるが意欲が湧きにくい」もしくは「やる気はあってもストレスに弱い」といったアンバランスを招きがちです。

　疲労対策としては、両者の定義や特徴をしっかりと理解し、個人レベルと組織レベルで、両者を高める仕組みづくりを考える必要があります。本節で紹介した方法を参考に、ぜひ個人と組織の両面から働きかけ、より効果的な疲労対策を実現しましょう。

（木内　敬太）

【参考文献】
1）Walker B, Nilakant V, & Baird R. (2014). Promoting organisational resilience through sustaining engagement in a disruptive environment: what are the implications for HRM?, *Research Forum*. 1-20.
2）Othman N, Ghazali Z, & Ahmad S. (2013). Resilience and work engagement: A stitch to nursing care quality. *Journal of Global Management*. 6:40-48.
3）Salanova M, Llorens S, Cifre E, & Martínez IM. (2012). We need a hero! Toward a validation of the healthy and resilient organization (HERO) model. *Group & Organization Management*. 37(6):785-822.

第5章

疲労リスク管理

労働者の疲労回復3原則を中心に、疲労を過労にさせないために何が重要なのかについて解説します。

第5章 疲労リスク管理

I 労働者の疲労回復3原則とは？

労働者の疲労回復3原則：疲れたら休む、休める、休ませる

1 働く人々の疲労回復に重要なこと

　皆さんは疲れたらどうしていますか？　仕事が忙しいときは疲れていても結構、無理して働き続けてしまうことがあるのではないでしょうか。実は私もその一人です。

　労働者の疲労回復の一番の対策はシンプルに休むことです（※病気による疲労は除きます）。サプリメントやエナジードリンクでもなく、休むことが最も効果的な疲労対策です。労働者の疲労は私たちに「これ以上は働かないで、休んで！！」という身体からの重要なメッセージです。それを無視して働き続けると、疲労は休んでもなかなか回復しない過労にシフトします。過労状態に陥れば、健康も害しますし、安全にも働けません。生活の質も低下します。人間関係も悪化することでしょう。ですので疲労は悪者ではなく、私たちが人生をよりよく過ごすための味方であるということをご理解ください。

　では、疲労を過労にシフトさせないためには、どうすればよいのでしょうか？　それは私が提唱している「労働者の疲労回復3原則」を個人、集団、社会レベルで守ることなのではないかと思っています。私が考える3原則とは「疲れたら休む、休める、休ませる」ことです（図5－I－1）。

労働者の疲労回復3原則

1．個人レベル「疲れたら休む」	：知識や行動、リテラシーの問題
2．集団レベル「疲れたら休める」	：職場の「空気」や風土の問題
3．社会レベル「疲れたら休ませる」	：国の制度やルールの問題

図5－I－1　労働者の疲労回復3原則

「休む」は労働者本人の休むことへの意識や行動、リテラシーとしての個人レベルの話、「休める」は職場の「空気」等の集団レベルの話、「休ませる」は法律や制度等の社会レベルの話として説明することができます。職場において疲労リスク管理を進めるにはこれら3つの原則が重要になってきます。

また、職場において疲労リスク管理を進めるには、これも私の造語なのですが、「休む力」という意味でrestとabilityを合わせた「レスタビリティ（restability）」を高めるように、個人、集団、社会のレベルの3層からの対策を継続的に実施することが重要になってきます。

2　原則1「疲れたら休む」

疲労を過労にシフトさせないための個人レベルの原則1「疲れたら休む」について解説します。上述したように疲労は身体から発せられる休息欲求という役割があります。つまり、「仕事に集中できなくなる」、「これ以上、仕事を続けるのが嫌だなと思う」、あるいは「ミスが多くなる」などの場合は、休んだ方が良いタイミングであるということです。そのタイミングを逸して、身体からのサインを無視し続けて働き続けることは、回復可能な疲労状態から、なかなか回復できない過労状態にシフトします。

したがって、疲れたときには少し席を離れたり、お茶を飲んで小休憩をとる、あるいは早めに帰宅したり、有給休暇を取得するなどの対処をしなければ、安全に健康に生産的に働くことができません。むしろ、先ほど述べたようなエナジードリンクなどを飲んで無理して働き続けることの方が、一時的には良いのかもしれませんが、長い目で見れば結果的に良い働き方をすることはできなくなります。

効果的な休み方に関しては第4章のIの3（50ページ）で紹介したDRAMMAモデルを参考にしてください。

3　原則2「疲れたら休める」

次に集団レベルの話です。「お休みを頂きます」とか、「お休みをして申し訳ありません」という表現、皆さんも使われていないでしょうか？

上述の通り、「疲れたら休む」が疲労を過労にシフトさせない対策として重要なのですが、それを阻む一番の要因は職場の「空気」です。滅私奉公という言葉があるように、日本では昔から「休むことイコール怠けている」という価値観や、自分の生活を犠牲にして働くこと、例えば徹夜や休みなしで働くことをポジティブに捉える空気が根強く残っています。科学的なデータでも、そのような働き方は、結局は安全性、

健康性、生産性を悪化させることは明らかなのですが、就「職」ではなく、就「社」文化の日本では殊更、休むことの価値が低いのです。最近になってやっと睡眠の重要性が注目されるようになり、関連する書籍やグッズ、ウェアラブルデバイス等のツールも普及しているので、休むことの価値が徐々に認められてきました。

「ちゃんと休まないと、どうなるか」を端的に示す次のような研究もあります。皆さんは「プレゼンティーズム」という言葉をご存じですか？ プレゼンティーズムとは「何らかの疾患や症状を抱えながら出勤し、業務遂行能力や生産性が低下している状態」を意味しています。風邪を引いて辛いのに無理に出勤して働き続けている状態がその例になると思います。そこでプレゼンティーズムがどれぐらいの経済損失を与えているのかを推計した研究では、精神疾患で年間約3.5兆円、首の痛みや肩こりで年間約3.1兆円、腰痛で年間約3.0兆円という結果が示されています[1]。このデータが示すように「疲れたら休む」ことを妨げる職場の「空気」は生産性という視点でも改める必要のある日本の労働観であることがわかるでしょう。

また、参考のため、労働基準法第36条に定められた有給休暇（年次有給休暇）の趣旨をお示しします。有給休暇とは「<u>労働者の心身の疲労を回復させ、労働力の維持培養を図るため、また、ゆとりある生活の実現にも資する</u>という位置づけから、法定休日のほかに毎年一定日数の有給休暇を与える制度」とうたわれています。したがって、法律の理念としても「疲れたら休める」ことが保障されているのです。

4　原則3「疲れたら休ませる」

最後は社会レベルの対策です。上述してきた個人レベル、集団レベルの対策は、ある意味、働き手の自助努力を求める対策です。正直、いくら労働者が休むことへの努力・行動をしていても、社会がそれを許さない（認めない）状況では、労働者の努力は実りづらいままです。日本の働き方をより良いものにするための「疲労を過労にシフトさせない対策」には、ここで説明する、社会レベルで「疲れたら休ませる」ことがとても重要で、個人・集団・社会の3つのレベルで重層的な対策を継続的に実施していくことが何よりも大切であると考えます。

では、「疲れたら休ませる」とはどのようなことを意味するのでしょうか？ それは社会として疲労を過労にシフトさせないような制度づくりを意味します。具体的には現在、新しい過重労働対策として期待されている「勤務間インターバル制度」や「つながらない権利」などのワークルールがそれにあたります。

これらのワークルールについては私も長年、研究に携わってきた身として非常に期

待していますが、どちらか一方ではなく、セットでなければ、その効果が十分に発揮されないものだと思っています。

また、勤務間インターバルは導入すれば万事OKというものではないことを2013年頃に研究に着手した当時から指摘してきました[2,3]。その理由は第5章のⅥで説明します。

以上、労働者の疲労回復3原則について解説してきました。これまで述べてきたことは「理想」であることは私も十分理解しています。今すぐ行うべき、絶対守りましょうなどと言うつもりも全くありません。実践することにハードルがあることも理解しています。ただ、私たちの働き方は長い目で見れば確実に変化しています。職場の室内でタバコを吸う従業員がいて部屋が煙で真っ白になっていたことや、セクハラ、パワハラが身近にあった時代がありました。しかし、現在では、それらのことは「やってはいけないこと」として広く認知されるようになっています。そのような意味で言えば、今回私が述べたことも、10年ぐらいすると当たり前になっているかもしれません。そのためには、組織や社会での改革が大前提ですが、今現在、働いている私たちも自分たちのできる範囲で職場の「空気」をより良くするための努力が大切なのだと思います。

(久保 智英)

【参考文献】
1) Yoshimoto T, Oka H, Fujii T, Nagata T, Matsudaira K. (2020). The Economic Burden of Lost Productivity due to Presenteeism Caused by Health Conditions Among Workers in Japan. *J Occup Environ Med*. 2020 Oct; 62(10):883-888.
2) 久保智英(2017)「過重労働対策としての勤務間インターバル制度の可能性と課題」産業医学レビュー 30(2):107-138
3) 久保智英(2017)「近未来を見据えた働く人々の疲労問題とその対策を考える―オンとオフの境界線の重要性―」労働安全衛生研究 10(1):45-53

II 労働者の疲労の測定方法

1 労働者の疲労を測る意義

　労働者を対象としたこれまでの疲労研究では、どのようなタイミングや長さで休日を含む休憩を配置することが疲労を過労にシフトさせないために望ましいのかについて検討されてきました。それを検討する上で、労働者の疲労は少なくとも心理指標、行動指標、生理指標の3つの視点から多角的に測定されて、適切な休憩配置が考えられてきました。したがって、労働者の疲労を測定する意義としては、職場の環境改善が大きな目的です。つまり、産業疲労の研究は、さまざまな測定値を用いて「この働き方は疲労度が大きい！」という問題指摘型のアプローチというよりも、「今の働き方に比べて、こちらの働き方の方が疲労度は低いので有効である」という対策志向型のアプローチに重きを置いた実践科学の側面が強い研究分野です。そのため、職場で日々、労働者の健康や安全の問題に関わっている産業保健スタッフや安全衛生管理者等の方々には馴染みの深い領域になろうかと思います。

　加えて、もう1つ大切なことをお伝えします。それはただ闇雲に測定するのではなく、測定指標を選ぶ前に、①職場の問題は何か？　②その問題による影響は何か？　③どうしたらその問題は改善されるのか？　の3つのポイントを明確にしておくことです。それによって、どのような指標が適しているのかが変わってくるからです。また、3つの点を明らかにするには従業員へのヒアリング調査が重要です（詳細は第5章のIX「職場の疲労カウンセリング」を参照してください）。

2 職場で活用できる疲労指標

　以上のことから、ここでは私の経験も踏まえて職場で活用できる疲労関連指標を紹介します。

(1) 「自覚症しらべ」調査票

　「自覚症しらべ」とは、日本産業衛生学会の研究会の中でも最も歴史の古い産業疲労研究会で作成された疲労症状を測定する調査票です。「自覚症しらべ」は1970年に開発された「自覚症状しらべ」が働き方の変化を受けて2002年に改訂されたものです。この調査票の特徴は25個の疲労症状について5段階評価して5種類の疲労症状が測定可能という点にあります（**図5−II−1**）。具体的には以下の通りです。

Ⅰ群 ねむけ感	ねむい、横になりたい、あくびがでる、やる気がとぼしい、全身がだるい
Ⅱ群 不安定感	不安な感じがする、ゆううつな気分だ、おちつかない気分だ、いらいらする、考えがまとまりにくい
Ⅲ群 不快感	頭がいたい、頭がおもい、気分がわるい、頭がぼんやりする、めまいがする
Ⅳ群 だるさ感	腕がだるい、腰がいたい、手や指がいたい、足がだるい、肩がこる
Ⅴ群 ぼやけ感	目がしょぼつく、目がつかれる、目がいたい、目がかわく、ものがぼやける

自覚症しらべ　No.

氏　名 ＿＿＿＿＿＿＿＿＿＿＿＿（男・女　＿＿＿＿歳）

記入日・時刻 ＿＿＿月＿＿＿日　午前・午後　＿＿＿時＿＿＿分記入

いまのあなたの状態についてお聞きします。　つぎのようなことについて、どの程度あてはまりますか。すべての項目について、1「まったくあてはまらない」～ 5「非常によくあてはまる」までの5段階のうち、あてはまる番号1つに○をつけてください。

	まったくあてはまらない	わずかにあてはまる	すこしあてはまる	かなりあてはまる	非常によくあてはまる
1 頭がおもい	1	2	3	4	5
2 いらいらする	1	2	3	4	5
3 目がかわく	1	2	3	4	5
4 気分がわるい	1	2	3	4	5
5 おちつかない気分だ	1	2	3	4	5
6 頭がいたい	1	2	3	4	5
7 目がいたい	1	2	3	4	5
8 肩がこる	1	2	3	4	5
9 頭がぼんやりする	1	2	3	4	5
10 あくびがでる	1	2	3	4	5
11 手や指がいたい	1	2	3	4	5
12 めまいがする	1	2	3	4	5
13 ねむい	1	2	3	4	5
14 やる気がとぼしい	1	2	3	4	5
15 不安な感じがする	1	2	3	4	5
16 ものがぼやける	1	2	3	4	5
17 全身がだるい	1	2	3	4	5
18 ゆううつな気分だ	1	2	3	4	5
19 腕がだるい	1	2	3	4	5
20 考えがまとまりにくい	1	2	3	4	5
21 横になりたい	1	2	3	4	5
22 目がつかれる	1	2	3	4	5
23 腰がいたい	1	2	3	4	5
24 目がしょぼつく	1	2	3	4	5
25 足がだるい	1	2	3	4	5

図5-Ⅱ-1　「自覚症しらべ」調査票

「自覚症しらべ」のダウンロード

作業に伴う疲労の経時的変化をとらえることを目的にしているので、作業開始時、昼休みなどの大休憩の前と、大休憩後、定時の終了時、残業があるときは超過勤務終了時などの時点で、作業の進行に伴って繰り返し測定します。しかし、あまり多くの測定ができないという場合には、最低限、勤務開始時と勤務終了後の2時点を押さえておくと良いでしょう。そして、その結果を部署ごとの平均値としてまとめて、1日あるいは1週間の変化を比較・検討します。それにより、従業員の疲労がどのように時間的な変化をしていて、どんな種類の疲労、例えば、身体的な疲労なのか精神的な疲労なのか、目の疲れなのかがわかります。また、さまざまな職場環境改善を行う前と後でも測定して、その効果を検討することにも有効でしょう。

(2) Visual Analogue Scale法

Visual Analogue Scaleは略してVAS（バス）と呼ばれるさまざまな心理状態を測定可能な便利な指標です。**図5−Ⅱ−2**のように紙に100mmの線分を書いて、例えば、そのときの疲労度を調べたい場合、左端に「まったく疲れていない」、右端に「非常に疲れている」という説明を付して、対象者の状態がどの程度にあたるか垂線を引いて回答させる方法です。垂線の位置が左端から何ミリ離れているかを測定値として扱い、さまざまな項目に応用して測ることができる測定法です。最近ではWEBアンケートの機能としても追加されています。図5−Ⅱ−2の例では「疲れ」としていますが、「眠気」や「ストレス」などに変えても応用可能です。VAS法は先ほどの「自覚症しらべ」と同様に、時間経過あるいは日ごとに繰り返して使うことで対象とする心理状態の変化が簡単に測定できるメリットがあります。また、最近、有料の調査票が増えている中で、こちらは無料です。

＜使用例＞
　その時のあなたの疲れの具合をタテ線を引いて評価して下さい。

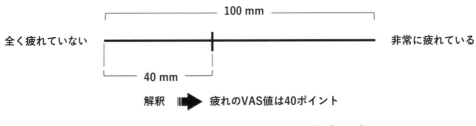

図5−Ⅱ−2　Visual Analogue Scale (VAS)

(3) ピッツバーグ睡眠質問票（Pittsburgh Sleep Quality Index：PSQI）

ピッツバーグ睡眠質問票（PSQI）は、睡眠分野では国際的にも広く使用されている調査票です[1]。日本語版は18の質問項目からなり、総合的に睡眠問題を判定できます。PSQIの総合得点は0～21点の範囲で、不眠評価のためのカットオフ値は5.5点となっており、6点以上は睡眠障害のリスクが高いと考えられます。睡眠は疲労回復に重要ですし、仕事のことを直接尋ねるよりも睡眠の状態を調べることで間接的に労働者の仕事のストレス度も知ることができると思います。

ただし、この尺度の中には、例えば「過去1カ月において通常何時ごろに起床しましたか？」などの、シフトによって起床・就床時刻が変化する交替制勤務の方にとっては答えにくい項目がいくつか存在しています。

(4) Psychomotor Vigilance Task

Psychomotor Vigilance Task（PVT）は国内外で広く使用されている眠気と疲労の検査です。具体的には、機器の中央にあるデジタルカウンターが回転し始めたら、できるだけ早くボタンを押してカウンターの動きを静止するように検査を受ける人に要求されるもので、反応時間を指標としたものです（PVT-192, Ambulatory Monitoring, Ardsley, New York, USA）。ただし、そのカウンターが動くタイミングがランダムに変化するため、検査を受ける人は常にカウンターのディスプレイを注視していなければならない状態です。通常、1回の検査につき10分間実施することが求められるため、持続的な注意力が求められる課題になります。最近では短縮版も開発されていて、PVT-Bという検査は1回3分間でも10分版と同等の精度が得られることが示唆されています[2]。また、以前は専用の測定機器を購入しなければ実施できませんでしたが、最近ではさまざまなアプリが開発されて公開されています。

PVTは非常に広い分野で活用されていて、持続的注意力を要する仕事、例えば、医師や看護師、トラックドライバーなどの疲労状態を検討する上では有効だと思います。しかし、仕事の性質上、注意力が低下していても事故やケガに直結しないような職業ではPVTの結果の解釈に注意が必要です。

加えて、PVTはオミッション・エラーと言われる、疲労や眠気で反応速度が鈍くなることを捉えた検査です。事故やケガの発生には、それ以外にも、コミッション・エラーという、誤った行動によるエラーもありますので、PVTはとても有効な検査ですが、対象となる労働者の働き方に応じて使用を検討しましょう。

(5) ウェアラブルデバイス

　最近はApple watchやfitbitなどの睡眠計機能付きのウェアラブルデバイスが普及しています。睡眠は疲労の重要な回復過程なので、睡眠を客観的な指標で長期的にとらえることは大切です。労働者の睡眠は日中の働き方に大いに影響を受けるので、睡眠状態が悪いということは働き方の中に問題がある可能性が高いということになります。もちろん、プライベートな問題や加齢や喫煙、飲酒などで睡眠の質は悪化することもありますが、同じような働き方をしている労働者を集めて集団的に睡眠の長さや質を平均値でまとめた際には、そういった個人的な問題による睡眠への影響は中和されるでしょう。

　また、今までは腕時計型の睡眠計が多かったのですが、この5年ぐらいの間に指輪型のウェアラブルデバイスが登場・普及してきました。Oura-ring（Oura Health Ltd）は、防水加工もしてあるため、基本的には入浴や水洗いのときに装着していても問題ありません。使用者のスマートフォンに同期させて毎日、自分の睡眠の状態や運動などの情報も簡単に見ることができます。さらに、時計型のようにディスプレイがないことから、電池の持ちがよく、長い期間、継続して測定可能です。睡眠測定のゴールデンスタンダートである睡眠脳波の結果と比較してもある程度、精度が確認されています[3,4]。難点は1台の値段が5〜7万円ほどするので職場の労働者を集団的に調査しようとするとかなりコストがかかるということと、継続して使用する場合、使用料が発生することです。類似する指輪型の機器が続々と登場しているので、もう少ししたら予算の面でもリーズナブルな価格に落ち着くことを期待しています。いずれにしても、この種の指輪型のウェアラブルデバイスは装着しやすいことやバッテリーのこともあって、将来的には職場で活用され得る有用なツールになると私は見ています。

　ウェアラブルデバイスではないのですが、ごく最近、指輪型でもなく、枕元に置くだけで睡眠が測定できるデバイスも発売されています。実際に学術論文でも、この「Somnofy（ソムノフィー）［https://vitalthings.com/en/products/somnofy/］」を使ったものが発表されています[5]。こちらのデバイスは1台3万円ぐらいなので、指輪型のデバイスよりも安価ですが、まだまだ職場で活用するにはコスト的に難しい面もあります。ただし、指輪型のデバイス同様、今後、さまざまな企業の参入によって値段が下がって活用しやすくなっていくと思います。

(6) 生活時間調査

上述した睡眠計のデバイスはコスト的に使用することが難しいという方には、生活時間調査がおすすめです。こちらは1日ごとに労働や睡眠、食事等、調べたい項目を日誌形式で記録する方法です。A4の紙一枚に、横軸に24時間を任意の時間単位（例えば30分単位）、縦軸に尋ねたい項目を並べて、該当する行為（例えば勤務時間、睡眠、食事、運動など）があった場合に横線を引いて回答させる方法です。コストをかけずに簡便に働く人々の生活パターンを長期間、把握できるメリットがあります。

上記で紹介したものに加えて、その他の調査票についても表5-Ⅱ-1にまとめま

表5-Ⅱ-1 産業疲労研究においてよく用いられる調査票

調査票	用途	項目数
自覚症状しらべ（1970）	経時的な疲労症状の変化をとらえる；3要因	30項目
自覚症しらべ（2002）	経時的な疲労症状の変化をとらえる；5要因	25項目
Visual Analogue Scale（VAS）	心理状態の評価	
ピッツバーグ睡眠質問票（PSQI）	不眠の尺度。カットオフ値あり	19項目
カロリンスカ眠気尺度（KSS）	眠気の尺度。9段階評価	1項目
サンピレリ疲労尺度（Samn-Perelli seven-point fatigue scale）	眠気の尺度。7段階評価。疲労リスク管理システム（FRMS）にて広く使われている。特に航空業界	1項目
Vital Exhaustion尺度	疲弊の尺度。循環器疾患との関連性。	17項目
リカバリー経験尺度	オフでの過ごし方。サイコロジカル・ディタッチメント	16項目
蓄積的疲労徴候インデックス	1時点での蓄積的な疲労症状を8特性から評価	81項目
Checklist Individual Strength（CIS）	2週間の疲労を4因子で評価	20項目
回復欲求尺度 Need for recovery scale	勤務後の回復欲求を評価。オランダのチームにより開発	9項目
エプワース眠気尺度（ESS）	日中の眠気を評価。カットオフ値あり	8項目
ジェイキンス睡眠尺度	不眠症状を入眠、中途覚醒、早朝覚醒、起床時疲労感で評価。	4項目
Wfun	労働機能障害（プレゼンティーズム）の尺度	7項目
ユトレヒト・ワーク・エンゲイジメント尺度	ワークエンゲージメントを活力、熱意、没頭の3要因から評価。	17項目版、9項目版、3項目版の3種類あり

したので参考にしてください。

（久保　智英）

【参考文献】
1）Buysse DJ, Reynolds CF, 3rd, Monk TH, Berman SR, & Kupfer DJ. (1989). The Pittsburgh Sleep Quality Index: a new instrument for psychiatric practice and research. *Psychiatry research*. 28(2):193-213. https://doi.org/10.1016/0165-1781(89)90047-4
2）Basner M, Mollicone D, Dinges DF. (2011). Validity and Sensitivity of a Brief Psychomotor Vigilance Test (PVT-B) to Total and Partial Sleep Deprivation. *Acta Astronaut*. 69:949-959. doi: 10.1016/j.actaastro.2011.07.015
3）Willoughby AR, Golkashani HA, Ghorbani S, et al. (2024). Performance of wearable sleep trackers during nocturnal sleep and periods of simulated real-world smartphone use. *Sleep Health*. 10:356-368. doi: 10.1016/j.sleh.2024.02.007
4）Svensson T, Madhawa K, Nt H, et al. (2024). Validity and reliability of the Oura Ring Generation 3 (Gen3) with Oura sleep staging algorithm 2.0 (OSSA 2.0) when compared to multi-night ambulatory polysomnography: a validation study of 96 participants and 421,045 epochs. *Sleep Med*. 115:251-263. doi: 10.1016/j.sleep.2024.01.020
5）Holmelid Ø, Pallesen S, Bjorvatn B, Sunde E, Waage S, Vedaa Ø, Nielsen MB, Djupedal ILR, Harris A. (2024). Simulated quick returns in a laboratory context and effects on sleep and pre-sleep arousal between shifts: a crossover controlled trial. *Ergonomics*. 2024 Apr 8:1-11. doi: 10.1080/00140139.2024.2335545. Epub ahead of print. PMID: 38587121.

Ⅲ　疲労の生理学的評価法

　疲労の生理学的評価法については、ストレス関連のバイオマーカーが多くの研究で利用されています。ここでは、"ストレスホルモン"として知られているコルチゾールと、炎症マーカー（炎症反応の指標）の1つであるC反応性タンパクについて説明します。

●コルチゾール

　コルチゾールは副腎皮質から放出されるステロイドホルモンで、朝に分泌量が高くなり、起床後1時間以内にピークをむかえ、夜にかけて徐々に低くなるという日内リズムがあります。血中と唾液ではコルチゾールの値の相関が高いことがわかっており、唾液のコルチゾールが多くの研究でストレス指標の1つとして利用されてきています。ストレスの負荷をかけると（例えば、人前でスピーチをさせるなど）、コルチ

Ⅲ 疲労の生理学的評価法

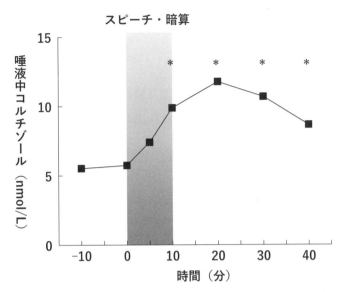

ストレス課題（スピーチと暗算、グレー部分）が終わってから10分後に唾液中コルチゾールの上昇ピークが来ている。
＊ ベースライン（10分のコルチゾール値）から有意に上昇していることを表している。
（先行研究[1]のデータをもとに著者が図を作成）

図5-Ⅲ-1　急性ストレスに対する唾液中コルチゾールの反応

ゾールの値は10〜20分ぐらいの間に2〜3倍に増加することが知られています（**図5-Ⅲ-1**）。

　コルチゾールにはさまざまな生理的作用があり、うつや心臓疾患など、さまざまな疾患との関連も長年研究されており、ストレスと身体的・精神的健康を結びつける重要なホルモンと考えられます。

　最近では、毛髪に含まれるコルチゾールについて注目が集まっています。毛髪は生成される際にケラチン（毛髪の主成分）にコルチゾールも取り込まれることがわかっています[2]（**図5-Ⅲ-2**）。毛髪は1ヵ月で約1cm伸びるので、例えば、根元から3cm部分の毛髪のコルチゾールを測定すれば、最近3ヵ月のコルチゾールを評価できると考えられています。職場のストレスに関連した研究はまだ少ないですが、失業している人[3]、シフトワークに従事している人[4]では値が高いことが報告されています。病気との関連では、虚血性心疾患との関連も報告されています[5]。ただし、毛髪は、ヘアダイや洗髪などによって組織が損傷するとコルチゾール値が低くなることがわかっており、また、コルチゾールを評価する際には、数十本の毛髪を後頭部からハサミで根元から切り取る必要があるため、これらの点には考慮が必要です。

また、ここ数年の研究では、手の爪からも同様にコルチゾールの評価ができることがわかっています。例えば、2週間伸ばした爪であれば、過去2週間分のコルチゾールを評価できると考えられます（**図5－Ⅲ－3**）。爪は生成されてから先端に伸びるまでに数カ月かかることから、その値は数カ月前の状態を反映していると考えられています。爪は毛髪よりも採取が簡単であり、郵送でも回収できるため、汎用性がより

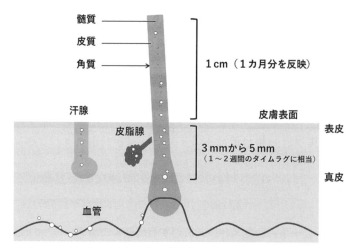

血中のコルチゾール（白い○で表現）は毛髪が形成される際に毛幹の中心部（髄質）に受動的に拡散すると考えられている。

図5－Ⅲ－2　毛髪に含まれるコルチゾール[2]

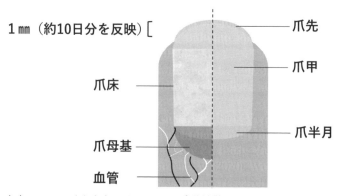

血中のステロイドなどのホルモンは受動拡散によって爪母基に輸送され、ケラチンが形成される際に取り込まれると考えられている（イラストの左側は皮膚や爪が透けて、その中の構造を示している）。

図5－Ⅲ－3　爪に含まれるコルチゾール[2]

高い試料です。職場でストレスを感じる出来事を過去に経験している人では爪のコルチゾールの値が高いことも報告されています[6]。しかしながら、研究数はまだ少なく、今後の研究成果が待たれます。

　血液や唾液に含まれるコルチゾールは、日内リズムがあり、急性ストレスに反応するなど、その採取時点における"瞬時値"であるのに対して、毛髪や爪には比較的長期にわたるホルモンが蓄積されている点が特徴的です。一過性の生体負担よりは慢性的な生体負担が健康を害することを考えると、疲労と健康の関連について研究を進めていくうえで、毛髪や爪の試料はとても有用なツールになると考えられます。

● C反応性タンパク

　C反応性タンパク（C-reactive Protein：CRP）は、生体内で炎症反応が起きているときに炎症性サイトカイン（炎症反応を促進する物質）、特にインターロイキン6が肝臓に作用することで生成されるタンパク質です。CRPは、局所性・全身性の炎症に対して顕著に上昇するため、臨床場面では炎症反応の指標として用いられています。

　また、近年では特に微量なCRPの測定が行われており（高感度CRPと呼ばれる）、慢性炎症反応の指標としても利用されています。慢性炎症反応とは、急性の炎症反応とは異なり、炎症マーカーの濃度が通常よりも2〜4倍程度に高い状態が持続することです。慢性炎症反応が高いことは動脈硬化の進展のプロセスとも密接に関連しています。例えば、喫煙、肥満、高血圧などは血管内皮を傷つけ、炎症反応を引き起こし、その炎症反応が長期に続くことで粥腫（プラーク）が形成され、比較的大きな動脈硬化が進行すると考えられています。近年では、心理社会的な要因が慢性炎症反応と関連することも多く報告されています。

　CRPは唾液中からも測定することが可能であり、血中と唾液中ではCRP値は中程度の相関があることがわかっています。24時間勤務の警察官を対象とした研究では、職業性ストレスが高いと唾液中CRP値が高いことが報告されています[7]。また、12時間夜勤シフトの看護師では、仕事の量的負担が高いほど、あるいは、夜勤の回数が多いほど唾液中のCRP値が高いことや、トラックドライバーでは勤務シフト（地場ドライバー、長距離ドライバー）によっても唾液中のCRP値が異なることが予備的な結果として報告されています[8]。

（井澤　修平）

【参考文献】
1) Izawa S, Sugaya N, Shirotsuki K, Yamada KC, Ogawa N, Ouchi Y, Nagano Y, Suzuki K, & Nomura S. (2008). Salivary dehydroepiandrosterone secretion in response to acute psychosocial stress and its correlations with biological and psychological changes. *Biol Psychol*. 79:294-298. doi: 10.1016/j.biopsycho.2008.07.003.
2) 井澤修平、三木圭一（2017）「毛髪・爪試料を利用した慢性的・蓄積的なストレスホルモン分泌の評価：産業ストレス研究における展望」産業ストレス研究、24、213-218
3) Dettenborn L, Tietze A, Bruckner F, Kirschbaum C. (2010). Higher cortisol content in hair among long-term unemployed individuals compared to controls. *Psychoneuroendocrinology*. 35(9):1404-1409. doi: 10.1016/j.psyneuen.2010.04.006.
4) Manenschijn L, Van Kruysbergen RG, De Jong FH, Koper JW, Van Rossum EF. (2011). Shift work at young age is associated with elevated long-term cortisol levels and body mass index. *J. Clin. Endocr. Metab*. 96:1862-1865. doi: 10.1210/jc.2011-1551.
5) Izawa S, Miki K, Tsuchiya M, Yamada H, Nagayama M. (2019). Hair and fingernail cortisol and the onset of acute coronary syndrome in the middle-aged and elderly men. *Psychoneuroendocrinology*. 101:240-245. doi: 10.1016/j.psyneuen.2018.11.021.
6) Izawa S, Matsudaira K, Miki K, Arisaka M, Tsuchiya M. (2017). Psychosocial correlates of cortisol levels in fingernails among middle-aged workers. *Stress*. 20(4):386-389. doi: 10.1080/10253890.2017.1342808.
7) Izawa S, Tsutsumi A, Ogawa N. (2016). Effort-reward imbalance, cortisol secretion, and inflammatory activity in police officers with 24-h work shifts. *Int Arch Occup Environ Health*. 89(7):147-154. doi: 10.1007/s00420-016-1154-2.
8) 井澤修平、久保智英、松元俊、池田大樹（2023）「過重労働の生体負担を評価するバイオマーカーの検討－看護師とトラックドライバーを対象とした研究の再分析－」労災疾病臨床研究事業費補助金 令和4年度総括・分担報告書「過労死等の実態解明と防止対策に関する総合的な労働安全衛生研究」pp.341-347、独立行政法人労働者健康安全機構労働安全衛生総合研究所

Ⅳ 疲労蓄積度自己診断チェックリストの活用

1 旧版の開発経緯

　わが国の過重労働面談において、「労働者の疲労蓄積度自己診断チェックリスト」がこれまで長きにわたって使用されてきました（図5－Ⅳ－1）。その経緯について少し触れたいと思います。過労死が社会問題化する中で1992年に日本産業衛生学会では「循環器疾患の作業関連要因検討委員会」が立ち上がりました。そこでのさまざまな議論を受けて、1998年に職場における過重労働対策について長時間労働の制限などを含めた包括的な提言が行われました。提言とは「労働者の労働状態や疲労・過労状態を把握できる質問紙調査を行い、医師や保健師等が問診で確認すること」でした。そして2001年に「脳血管疾患及び虚血性心疾患等認定基準」の改定が行われて、それまでの認定基準に対して「発症前の長期間にわたって、著しい疲労の蓄積をもたらす

Ⅳ 疲労蓄積度自己診断チェックリストの活用

労働者の疲労蓄積度自己診断チェックリスト（2023年改正版）

記入者＿＿＿＿＿＿　実施日　年　月　日

このチェックリストは、労働者の疲労蓄積を、自覚症状と勤務の状況から判定するものです。

1．最近1か月間の自覚症状
各質問に対し、最も当てはまる項目の□に✓を付けてください。

1. イライラする	□ ほとんどない（0）	□ 時々ある（1）	□ よくある（3）
2. 不安だ	□ ほとんどない（0）	□ 時々ある（1）	□ よくある（3）
3. 落ち着かない	□ ほとんどない（0）	□ 時々ある（1）	□ よくある（3）
4. ゆううつだ	□ ほとんどない（0）	□ 時々ある（1）	□ よくある（3）
5. よく眠れない	□ ほとんどない（0）	□ 時々ある（1）	□ よくある（3）
6. 体の調子が悪い	□ ほとんどない（0）	□ 時々ある（1）	□ よくある（3）
7. 物事に集中できない	□ ほとんどない（0）	□ 時々ある（1）	□ よくある（3）
8. することに間違いが多い	□ ほとんどない（0）	□ 時々ある（1）	□ よくある（3）
9. 仕事中、強い眠気に襲われる	□ ほとんどない（0）	□ 時々ある（1）	□ よくある（3）
10. やる気が出ない	□ ほとんどない（0）	□ 時々ある（1）	□ よくある（3）
11. へとへとだ（運動後を除く）★1	□ ほとんどない（0）	□ 時々ある（1）	□ よくある（3）
12. 朝、起きた時、ぐったりした疲れを感じる	□ ほとんどない（0）	□ 時々ある（1）	□ よくある（3）
13. 以前とくらべて、疲れやすい	□ ほとんどない（0）	□ 時々ある（1）	□ よくある（3）
14. 食欲がないと感じる	□ ほとんどない（0）	□ 時々ある（1）	□ よくある（3）

＜自覚症状の評価＞　各々の答えの（　）内の数字を全て加算してください。　合計＿＿＿＿点

Ⅰ：0－2点	Ⅱ：3－7点	Ⅲ：8－14点	Ⅳ：15点以上

2．最近1か月間の勤務の状況
各質問に対し、最も当てはまる項目の□に✓を付けてください。

1. 1か月の労働時間（時間外・休日労働時間を含む）	□ 適当（0）	□ 多い（1）	□ 非常に多い（3）
2. 不規則な勤務（予定の変更、突然の仕事）	□ 少ない（0）	□ 多い（1）	―
3. 出張に伴う負担（頻度・拘束時間・時差など）	□ ない又は小さい（0）	□ 大きい（1）	―
4. 深夜勤務に伴う負担　★2	□ ない又は小さい（0）	□ 大きい（1）	□ 非常に大きい（3）
5. 休憩・仮眠の時間数及び施設	□ 適切である（0）	□ 不適切である（1）	―
6. 仕事についての身体的負担　★3	□ 小さい（0）	□ 大きい（1）	□ 非常に大きい（3）
7. 仕事についての精神的負担	□ 小さい（0）	□ 大きい（1）	□ 非常に大きい（3）
8. 職場・顧客等との人間関係による負担	□ 小さい（0）	□ 大きい（1）	□ 非常に大きい（3）
9. 時間内に処理しきれない仕事	□ 少ない（0）	□ 多い（1）	□ 非常に多い（3）
10. 自分のペースでできない仕事	□ 少ない（0）	□ 多い（1）	□ 非常に多い（3）
11. 勤務時間外でも仕事のことが気にかかって仕方ない	□ ほとんどない（0）	□ 時々ある（1）	□ よくある（3）
12. 勤務日の睡眠時間	□ 十分（0）	□ やや足りない（1）	□ 足りない（3）
13. 終業時刻から次の始業時刻の間にある休息時間　★4	□ 十分（0）	□ やや足りない（1）	□ 足りない（3）

＜勤務の状況の評価＞　各々の答えの（　）内の数字を全て加算してください。　合計＿＿＿＿点

A：0点	B：1－5点	C：6－11点	D：12点以上

図5－Ⅳ－1　新版の疲労蓄積度自己診断チェックリスト（本人用）

厚生労働省「こころの耳」働く人の疲労蓄積度セルフチェック2023（働く人用）

特に過重な業務に就労したこと（長期間の過重業務）」が付け加えられたという経緯があります。この新たな認定基準を踏まえて2002年に「過重労働による健康障害防止のための総合対策」通達が出されたことを受けて、厚生労働省から中央労働災害防止協会への委託事業として「労働者の疲労蓄積度自己診断チェックリスト」が作成されて2004年に公表されました。また、このチェックリストは、労働者自身が自らの疲労・過労状態を把握・認識し対処してもらうと同時に、産業医などが過重労働面談の際に事前問診票として活用してもらうよう作成されたものでもあります[1]。

2　新版の開発経緯

　旧版のチェックリストは当初の狙い通り、広く過重労働面談で活用されてきました。しかし、チェックリストの開発から20年以上が経過して開発当時には想定されていなかった働き方や、それに伴う疲労症状が新たに出現し、問題になっていました。それを受けて2023年の改定では、「勤務間インターバル」、「勤務時間外の連絡」、「睡眠時間」、「食欲」、「仕事による精神的負担の増大」の視点が新たに追加されたという訳です。

　具体的には、開発当時からの大きな変化として、スマートフォン等の登場に代表される情報通信機器の発達に伴って、労働時間以外でも仕事関連の連絡が容易になったことが挙げられます。これを受けてサイコロジカル・ディタッチメントを想定した「勤務時間外でも仕事のことが気にかかって仕方ない」の項目が新たに追加されました。また、疲労回復に重要な休息時間に焦点を当てた勤務間インターバルの視点は、新たな過重労働対策としても注目されており、この視点も開発当時にはなかったものです。仕事による精神的負担は旧版では1項目でしたが、新版では新たに量的負担、コントロール度、人間関係が加わりました。以上の変更点は、旧版チェックリストでは捉えきれなかった新たな働き方とそれによる疲労症状を測定し、予防につなげる目的で追加されたものです。

　図5-Ⅳ-2は新版のチェックリストがどの程度、労働・生活要因と関連しているのかを検証したデータです。参加者は424名で、図はその平均値と標準誤差を示しています。結果は週の労働時間、平均睡眠時間、クイックリターン、勤務形態、勤務時間外の仕事の連絡、有給休暇の取得日数などの要因が変化すると、新版チェックリストの結果が統計的に有意に異なることがわかりました。つまり、働き方、暮らし方が変わると、このチェックリストの値も変わることが明らかになっています（※詳細は報告書[2]をご覧ください）。

Ⅳ　疲労蓄積度自己診断チェックリストの活用

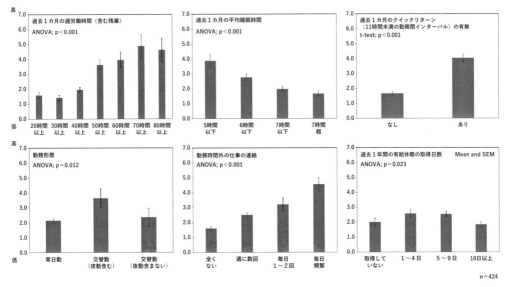

図5－Ⅳ－2　さまざまな労働・生活要因と疲労度得点の関連性

（出典：中央労働災害防止協会、2023[2]）

3　新版の課題：過労の認知的不協和

　新版のチェックリストも従来と同様に、過重労働面談において広く使われることを期待されています。一方、従来の活用方法は、過重労働面談という性質上、個人の診断、つまり、対象者が過労なのか、過労状態ではないかの判断に使われることが多かったと思います。しかし、そのような2次予防（過労状態に陥った労働者に対するアクション）的な使われ方に関してはいくつかの課題が考えられることでしょう。

　図5－Ⅳ－3にチェックリストで判定される労働者本人の「休みたい」という休息欲求の有無と、客観的に見て長時間労働などの過重労働制の有無からみた過重労働面談での課題をお示します。

【第1象限の場合】

　過重労働性も認められて休息欲求もあるので過重労働面談の際に適切な対応につながれば問題はない。

【第2象限の場合】

　過重労働性は認めらないが休息欲求がある場合は仕事への不満あるいはプライベートでの問題がある。対応としては過重労働対策というよりは職場の人間関係などの

第5章　疲労リスク管理

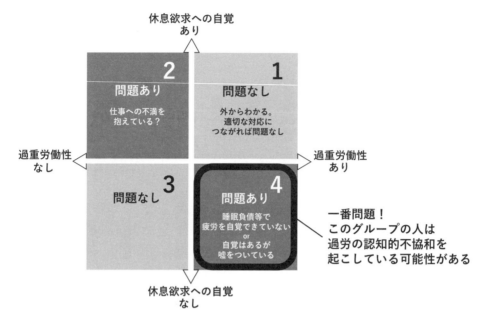

図5-Ⅳ-3　過重労働面談での活用についての課題：休息欲求と過重労働性から見えること

メンタル対策。

【第3象限の場合】

過重労働性、休息欲求ともに認めらない場合は問題なし。

【第4象限の場合】

過重労働性は認められるものの、本人の休息欲求がない場合は一番問題だと考えられる。このような回答者の背景には少なくとも2つの可能性がある。1つは就業制限などをかけられたくないので虚偽の報告をしている場合で、もう1つは慢性的に睡眠不足状態などで自分の疲れに対する認識ができていない場合が挙げられる。後者の場合は私の言葉で言えば「過労の認知的不協和」を起こしているのだと考えられる。

図5-Ⅳ-4に「過労の認知的不協和」仮説の概念図を示します。この仮説で主張したいのは、本当は疲れているにも関わらず、現在行っている仕事に対して「仕事が終わらない」あるいは「仕事が楽しい」という対立する状況や認知があるとします。そのような場合、その人が取る選択肢は、休息欲求は無視して仕事の継続を選ぶという内容です。このような認知的不協和の状態では、身体からの休息のサインである疲労感を無視し続けることになるので、仕事が片付いたときには回復困難な過労状態に陥

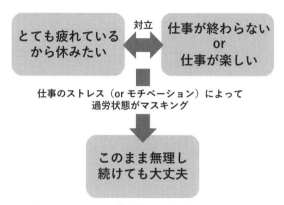

図5-Ⅳ-4 「過労の認知的不協和」仮説

る可能性が高いと考えられるので注意が必要です。

　ただし、過労状態は長くは隠せないので一時的な頑張りも、仕事のミスや欠勤などが多くなったりして、いつかはボロがでます。加えて、元も子もない話をすれば、産業保健スタッフは、チェックリストの結果だけを見ていてはダメだと思います。その人の顔や仕草を見たり、同僚や家族からの評価も踏まえて判断する必要あるでしょう。したがって、こういった認知的不協和の状態を解消する1つの手としては、1週間やある程度の期間、睡眠日誌や睡眠計等を使って疲労を見える化して自己認知を正すことが有効でしょう。

4　集団的な疲労を問題にして職場環境改善

　第1章でも触れたように、働く人々の疲労研究では、病気による疲労は除きますが、疲労対策の基本は休みを与えることとして考えられてきました。休むことが疲労回復には最も効果的な対策であるという考えです。具体的には休憩のタイミングや長さを働き方に合わせて配置するという対策が議論されてきました。ただし、仕事に対する認知（好きな仕事、嫌いな仕事）や他者からの評価（仕事を褒められる、叱られる）によって疲労感はマスキングされます。

　しかし、個人のレベルではマスキングされて本当の変化を知ることが難しくなってしまう可能性はあっても、同じ職場で同じような働き方をしている労働者の疲労度の値を集団で集めて平均値を見ることで、そこの職場での疲労による問題が浮かび上がってくるはずです。さらに、現在はWEBアンケートで簡単にアンケートが実施・集

計できるので、従来のような紙媒体でアンケート用紙を配布して入力する手間がありません。加えて、WEBアンケートの項目の中にご自身の職場で問題になっている働き方の項目を追加して、例えば、労働時間が長いグループとそうではないグループ、休日が少ないグループとそれほど少なくないグループ等に分けて、グループ間の平均値を比較するという解析方法もできるかと思います。

5　家族版のチェックリストの活用

　旧版でもあまり認知されてこなかったのですが、新版においても家族版のチェックリストがあります（図5－Ⅳ－5）。この家族版の想定される活用例は、過重労働をしている労働者の家族の立場から、労働者本人の疲労度をチェックして予防につなげられる場面です。家族版のチェックリストについては労働者が働いている会社から労働者のご家族へのアプローチは難しいという課題もありますが、新版作成時の検証調査における結果からは本人の疲労度の値との相関関係が0.43で中程度の関連性が認められます[2]。

　家族版については、本人版と同様に厚労省のポータルサイト「こころの耳」においてWEB上で回答することもできて、結果もPDFファイルでダウンロードすることが可能です。過労死や過重労働による健康障害を予防する上でも、こちらの家族版の活用は効果的だと思われるので、新版のチェックリストの開発者の一人としてぜひ、普及させたいと考えています。

　なお、新版のチェックリストについては第97回日本産業衛生学会において「働く人々の疲労リスク管理を考える：新版疲労蓄積度自己診断チェックリストの活用と展開」と題したシンポジウムを企画いたしました。こちらの詳細については過労死等防止調査研究センターのポータルサイト[3]をご覧ください。

（久保　智英）

【参考文献】
1）　下光輝一、堤明純（2024）座長の言葉「シンポジウム2　働く人々の疲労リスク管理を考える：新版疲労蓄積度自己診断チェックリストの活用と展開」『産業衛生学雑誌』Vol.66臨時増刊号、P.175
2）　中央労働災害防止協会（2023）「労働者の疲労蓄積度自己診断チェックリストの見直し

Ⅳ 疲労蓄積度自己診断チェックリストの活用

家族による労働者の疲労蓄積度チェックリスト（2023年改正版）

記入者＿＿＿＿＿＿＿　実施日　　年　　月　　日

ご家族で働いている方（以下、ご家族）の最近の様子について、あなたから見た感じをお答えください。

1. **最近1か月の疲労・ストレス症状**　ご家族について、各質問に対し、最も当てはまる項目の□に✓を付けてください。

（あなたから見て判定の難しい項目については、「ほとんどない」に✓を付けてください）

1. イライラしているようだ	□ ほとんどない（0）	□ 時々ある（1）	□ よくある（3）
2. 不安そうだ	□ ほとんどない（0）	□ 時々ある（1）	□ よくある（3）
3. 落ち着かないようだ	□ ほとんどない（0）	□ 時々ある（1）	□ よくある（3）
4. ゆううつそうだ	□ ほとんどない（0）	□ 時々ある（1）	□ よくある（3）
5. 体の調子が悪そうだ	□ ほとんどない（0）	□ 時々ある（1）	□ よくある（3）
6. 物事に集中できないようだ	□ ほとんどない（0）	□ 時々ある（1）	□ よくある（3）
7. することに間違いが多いようだ	□ ほとんどない（0）	□ 時々ある（1）	□ よくある（3）
8. 強い眠気に襲われるようだ	□ ほとんどない（0）	□ 時々ある（1）	□ よくある（3）
9. やる気が出ないようだ	□ ほとんどない（0）	□ 時々ある（1）	□ よくある（3）
10. へとへとのようだ（運動後を除く）★1	□ ほとんどない（0）	□ 時々ある（1）	□ よくある（3）
11. 朝起きた時、疲れが残っているようだ	□ ほとんどない（0）	□ 時々ある（1）	□ よくある（3）
12. 以前とくらべて、疲れやすいようだ	□ ほとんどない（0）	□ 時々ある（1）	□ よくある（3）
13. 食事量が減っているようだ	□ ほとんどない（0）	□ 時々ある（1）	□ よくある（3）

★1：へとへと：非常に疲れて体に力がなくなったさま。

各々の答えの（　）の中の数字を全て加算してください。　合計＿＿＿＿点

2. **最近1か月の働き方と休養**　ご家族について、当てはまる項目の□全てに✓を付けてください。

□	1. 終業時刻から次の始業時刻の間にある休息時間（★2）が十分でない
□	2. 休日も仕事をすることが多い
□	3. 勤務日における時間外労働が多いようだ
□	4. 宿泊を伴う出張が多い
□	5. 仕事のことで悩んでいるようだ
□	6. 睡眠時間が不足しているように見える
□	7. 寝つきが悪かったり、夜中に目覚めたりすることが多いようだ
□	8. 勤務時間外でも仕事のことが気にかかって仕方ないようだ
□	9. 勤務時間外でゆっくりくつろいでいることはほとんどないようだ

★2：これを勤務間インターバルといいます。

✓を付けた項目の数　＿＿＿＿個

図5−Ⅳ−5　新版の疲労蓄積度自己診断チェックリスト（家族支援用）

厚生労働省「こころの耳」　働く人の疲労蓄積度セルフチェック2023（家族支援用）

に関する調査研究　報告書」
https://www.jisha.or.jp/research/pdf/202304_01.pdf
3）久保智英（2024）「第97回日本産業衛生学会報告：「働く人々の疲労リスク管理を考える：新版疲労蓄積度自己診断チェックリストの活用と展開」」健康な働き方に向けて・過労死等防止調査研究センター（RECORDs）
https://records.johas.go.jp/article/173

V　過労徴候しらべ

1　過労死の前駆症状を活用して作成した調査票

　前節で紹介した労働者の疲労蓄積度自己診断チェックリストも含めて、疲労感や眠気、ストレスを評価する調査票のツールは、国内外でこれまでも数多く開発されてきました。しかし産業疲労研究において過労死に発展するような過労リスクを測定するツールは私が知る限り、ありませんでした。その理由の1つは「働きすぎで亡くなる」という過労死という現象は日本独特のものだったからです。しかし、WHOとILOが共同調査した結果が2021年に発表され、意外にも世界でも「過労死」とも呼べる長時間労働による虚血性心疾患と脳卒中による死亡が多いことが示唆されました[1]（図5－V－1）。

　図5－V－1の結果から、
① 　2016年において4億7,900万人あるいは全人口の9％が少なくとも週55時間働い

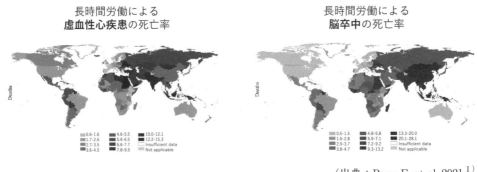

（出典：Pega F, et al. 2021[1]）

図5－V－1　長時間労働による虚血性心疾患および脳卒中での死亡率（人口10万人対）

ていて、その割合は増加していること
② 長時間労働（週55時間以上）による 虚血性心疾患あるいは脳卒中の死亡は推計で74万5,000人であったこと

が明らかになりました。

過労死は今や英語で「Karoshi」として国際語にもなり、海外でも普通に通じるようになっていますが、図5－V－1が示す結果は、過労死のリスクは日本だけのものではなくなってきたということを物語っているのだと思います。

そこで、本節で紹介する「過労徴候しらべ」（**図5－V－2**）は、過労リスクを測定するツールとして私たちのグループで開発したものです。私が所属する過労死等防止調査研究センターでは、災害調査復命書を収集して調査研究に活用する活動をしています。具体的には、その復命書の中に記載のあった過労死前の前駆症状を活用して、調査票「過労徴候しらべ」を開発しました。この調査票は1,564件の脳・心臓疾患に係る過労死等事案の復命書の中に記載されていた190件の前駆症状の情報を活用したもので、その前駆症状をKJ法と呼ばれる同じカテゴリーにあるものを分類していく手

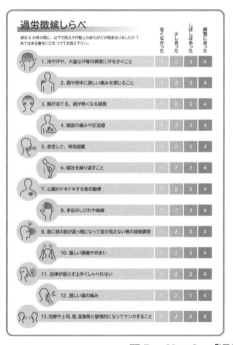

図5－V－2　「過労徴候しらべ」調査票

「過労徴候しらべ」調査票のダウンロード

法によって同様の訴え等をグルーピングしていきました。また、それとともに、過労死による遺族へのヒアリングを通じて、過労死発症前までの過労徴候を検討した先行研究（上畑（1982）[2]、斉藤（1993）[3]）を参考にして、26症状を最終的に本研究では「過労徴候」として調査項目にしています。各項目の尋ね方は、過去6カ月の過労徴候26項目を「全くなかった（1点）」から「頻繁にあった（4点）」の4段階評価として、各回答者の合計得点を算出する評価方法を用いています。

2　過労徴候しらべを使った調査

図5-Ⅴ-3は過労死最多職種として知られる運輸業のトラックドライバー1,992名に過労徴候しらべを配布して、彼らの働き方やこれまでの既往歴との関連性を検討した結果です[4]。そこから、年齢や喫煙、飲酒といったさまざまな要因を考慮しても、過労徴候しらべの得点が高くなるにつれて、過労死に関連した疾患である脳・心臓疾患、高血圧、高脂血症、糖尿病の既往歴の割合が高くなる傾向が確認されました。

加えて、同じトラックドライバーの集団について、どのような働き方が過労徴候しらべの得点を最も増加させるのか？　ということについて検討してみたのが図5-Ⅴ-4の結果です。過労に関連しそうな残業時間や労働時間、夜勤回数等よりも、睡眠時間の短さが過労徴候しらべの得点を増加させることがわかりました。当たり前のことかもしれませんが、睡眠を確保することが過労リスクを低減させるには最も有効であることが示唆されました。

「過労徴候しらべ」の使用は無料ですので、過労リスクを評価するためのツールとして、過重労働面談や職場の環境改善等にお役立てください。

なお、現在（令和7年1月）、「過労徴候しらべ」調査票の改定作業を行っています。その理由としては、過労徴候として調査項目に採用した26項目は災害調査復命書の中に記入されていたものなので、その他にも過労徴候として適切な訴えがあるかもしれないということが大きなものです。したがって、私たちは過労死の遺族の方々に「過労徴候しらべ」の項目についてヒアリング等をして、過労リスクに対して感度の高い指標を開発しようとしています。加えて、学術研究においても広く使用できるようにCOSMIN（Consensus-based Standards for the Selection of Health Measurement Instruments）に準じた方法に基づいて改定作業を進めております[5]。改定作業が終

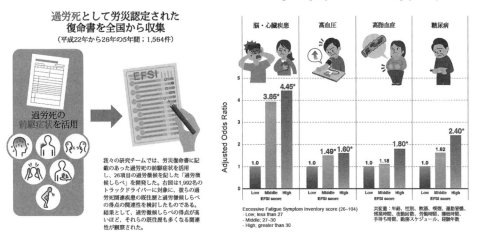

図5-V-3　過労徴候しらべ得点と既往歴[4]

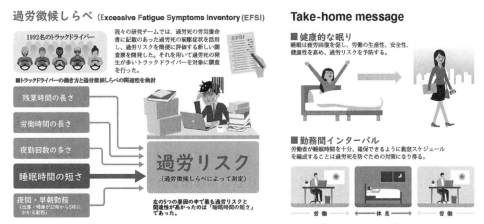

図5-V-4　労働要因と過労徴候しらべ得点の関連性[4]

わりましたら、過労死等防止調査研究センターのポータルサイト「健康な働き方」（https://records.johas.go.jp/）に新しい「過労徴候しらべ」調査票をアップしますので、ぜひ、こちらもご活用ください。

（久保　智英）

【参考文献】
1）Pega F, Náfrádi B, Momen NC, Ujita Y, et al. (2021). Global, regional, and national

burdens of ischemic heart disease and stroke attributable to exposure to long working hours for 194 countries, 2000-2016: A systematic analysis from the WHO/ILO Joint Estimates of the Work-related Burden of Disease and Injury. *Environ Int.* 2021 Sep; 154:106595. doi: 10.1016/j.envint.2021.106595.
2) 上畑鉄之丞（1982）「脳・心血管発作の職業的誘因に関する知見」『労働科学』58（6）：277-293
3) 斉藤良夫（1993）「循環器疾患を発症した労働者の発症前の疲労状態」『労働科学』69（9）：387-400
4) Kubo T, Matsumoto S, Sasaki T, Ikeda H, Izawa S, Takahashi M, Koda S, Sasaki T, Sakai K. (2021). Shorter sleep duration is associated with potential risks for overwork-related death among Japanese truck drivers: use of the Karoshi prodromes from worker's compensation cases. *Int Arch Occup Environ Health.* 2021 Jul; 94(5):991-1001. doi: 10.1007/s00420-021-01655-5.
5) 木内敬太、久保智英、松元俊、守田祐作（2023）「COSMIN指針に基づいた「過労徴候しらべ」の改訂―改訂版尺度の開発と内容的妥当性、構造的妥当性及び内的整合性の検証―」『令和5年度労災疾病臨床研究事業費補助金「過労死等の実態解明と防止対策に関する総合的な労働安全衛生研究」分担研究報告書（疫学研究）』221-242
https://records.johas.go.jp/rep20230221.pdf

Ⅵ　勤務間インターバル制度

1　EU諸国における勤務間インターバル制度の内容

　本節では勤務間インターバル制度について紹介します。この制度は、EU諸国で導入されているワークルールで、勤務終了後から次の勤務開始時までのインターバル（連続休息時間）を規定していて、欧州連合（以下、EU）労働時間指令（2003/88/EC）に基づくものです[1]。主な内容は、①24時間につき最低連続11時間の休息を付与すること、②7日ごとに最低連続24時間の休息日を付与すること、③週の平均労働時間が時間外労働を含めて48時間を超えないことというものです（図5－Ⅵ－1）。

　これまでのわが国における労働時間規制は、労働時間の長さを規制してきました。しかし、36協定（労働基準法第36条に基づく時間外労働や休日労働に関する労使の取り決め）等によって、長時間労働の抑制にあまり歯止めがかかっていなかったのに対して、この制度は、労働者の疲労回復に重要なオフの時間を直接的に規定しています。その点で、従来の労働時間規制に比べて、過重労働対策としての高い効果が期待されています。

図5-Ⅵ-1　勤務間インターバル制度について

2　日本の勤務間インターバル制度の原型

本制度の原型となっているEU労働時間指令（2003/88/EC）の内容を以下に紹介します。

① 週の労働時間
　残業も含めて週で平均して48時間を超えないこと
② 1日の休息時間
　24時間につき、最低連続11時間の休息時間を設けること
③ 休憩時間
　6時間以上の労働に従事する際には、勤務中に休憩を取得すること

④　週休
　7日ごとに最低連続24時間の休息時間を設けること
⑤　年次有給休暇
　年に少なくとも4週間の有給休暇を付与すること
⑥　夜勤労働者の保護
　平均して労働時間は24時間につき、8時間を超えてはいけない
　夜勤者に8時間以上の重労働あるいは危険業務はさせてはならない
　夜勤者は無料で健康診断を受ける権利がある。また、当人の健康状態によっては日勤へ移る権利を有する

　なお、さまざまな形で除外規定（オプト・アウト）が上記のEUの労働時間指令には存在していますが、休息を中心に据えた働き方のルール作成が大きな特徴として挙げられます。
　以上が勤務間インターバル制度の原型となっているワークルールですが、現在、注目されているのは②の1日の休息時間です。それ以外の①の週の労働時間の上限規制や④の週休1日の要素はあまり議論されていないことがわかるかと思います。

3　勤務間インターバルが11時間であるエビデンスは？

　実は、EU諸国において1日11時間のインターバルを導入することに対して、現在のわが国のような議論や抵抗はなかったそうです[2]。さらに言えば、EU諸国では1日の勤務間インターバルの設定時間を11時間とすることに関する明確な自然科学的な根拠はありませんでした。つまり、EU諸国では、自然科学的な手法を用いて厳密に確かめなくても11時間の勤務間インターバル制度の導入が問題になることはないということの裏返しなのだと思います。では、なぜ、11時間に設定されたのかということについては、既存の法律に基づいて算出されたのが11時間のインターバルだったということでした。

4　勤務間インターバルと疲労回復の関係

　私たちのグループでは、勤務間インターバルと疲労回復の関連性を検討する研究プロジェクトを2014年に立ち上げて、さまざまなエビデンスを発表してきました。そのプロジェクトでは、1カ月間毎日繰り返して日々の勤務間インターバルの長さと疲労度の関連性を検討する「木」のタイプの調査と、数千人の労働者を数年継続して追跡

Ⅵ 勤務間インターバル制度

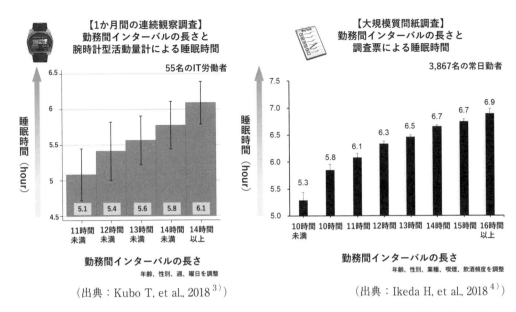

図5-Ⅵ-2　2つのタイプの研究から見た勤務間インターバルの長さと睡眠時間の関連性

する「森」のタイプの調査を行いました。

図5-Ⅵ-2は上述の「木」と「森」の2つのタイプの研究結果をあわせたものです。左側は「木」のタイプで、55名のIT労働者を1カ月間毎日繰り返して腕時計型活動量計で測定した結果、11時間未満の勤務間インターバルで睡眠時間は平均5.1時間でした[3]。一方、「森」のタイプでは、3,867名の常日勤者を対象として調査票ベースで睡眠時間を調べた結果、勤務間インターバルが10時間で睡眠時間は平均5.8時間であることがわかりました[4]。つまり、11時間の勤務間インターバルで確保できるのは大体1日5時間ぐらいの睡眠だろうということがこれらの知見から導き出されます。

加えて、図5-Ⅵ-3の結果は生産性の指標であるプレゼンティーズム（WHO-HPQ指標で）に着目して勤務間インターバルと睡眠時間の関連性を検討したものです[5]。このアンケート調査では13,306名の日中に働く労働者を対象にしています。それぞれ睡眠時間が1日6時間以上と未満で区切って、勤務間インターバルの長さ別にプレゼンティーズムとの関連性を検討した結果、図の中にグレーの網掛けで示した部分で統計的な差が見られ、勤務間インターバルの長さが確保されていたとしても睡眠時間が6時間よりも短い場合、生産性が低下していることがわかりました。とりわけ、11時間の勤務間インターバルでも6時間未満の睡眠時間では生産性が統計的に低いという関連性が認められました。

第5章　疲労リスク管理

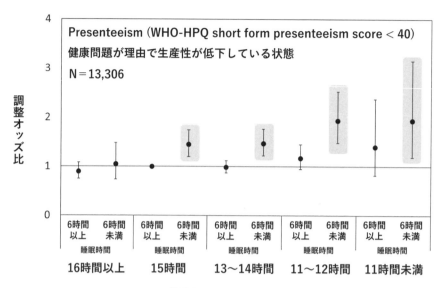

（出典：Ikeda H, et al., 2022[5]）

図5－Ⅵ－3　常日勤者（13,306名）を対象とした勤務間インターバルと生産性

5　1日11時間の勤務間インターバルの意味は「最後の砦(とりで)」

　そこで、図5－Ⅵ－4をご覧ください。この図は週5日勤務で片道通勤1時間の生活をしている状況を想定した場合の勤務間インターバルと残業時間の関係をみたものです。結果、11時間の勤務間インターバルの場合、22時に退勤して翌朝9時に出勤する生活パターンがみえてきますが、1日ベースでは18時を定時だとすると4時間の残業が可能になります。それを1カ月の労働日数が20日だとした場合、80時間の残業が可能になることがわかります。つまり、月80時間の時間外労働はいわゆる、「過労死ライン」と同じ水準なので、勤務間インターバルという言葉こそ新しいのですが、11時間の勤務間インターバルの意味合いは、従来の労働衛生分野で指摘されてきた「過労死ライン」を超えない働き方というメッセージと本質的には同じ意味ということになります。したがって、勤務間インターバル11時間は「最後の砦(とりで)」ということであることに注意しなければなりません。もちろん、今までオフの時間の大切さについては軽視されてきたので、勤務間インターバルという新しい言葉ができたことで注目が集まったという点は大変、評価できると思います。

　しかし、先ほどお示しした私たちのグループで行った調査結果でも、

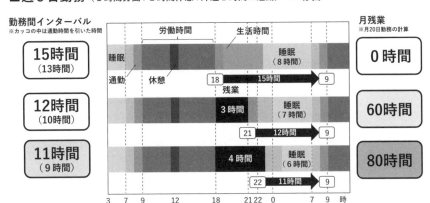

図5－Ⅵ－4　勤務間インターバルからみた生活シミュレーション

① 1日11時間の勤務間インターバルでは5時間程度の睡眠しか確保できないこと
② 勤務間インターバルと睡眠時間の長さからみた生産性の結果でも11時間未満の勤務間インターバルで睡眠時間が6時間未満の人は生産性が統計的に低いこと

がわかっています。

こういった実証データを得る前に作成した図5－Ⅵ－4のシミュレーションでは11時間の勤務間インターバルで6時間の睡眠時間が確保できるとしていましたが、実証データでは睡眠時間は5時間程度ということがわかったので、自然科学的な知見から見ても、勤務間インターバル11時間の意味合いはやはり「最後の砦」であるということになるでしょう。

6　勤務間インターバル制度を日本に根付かせるために

先ほど、勤務間インターバル制度で11時間のインターバルが確保されることは「最後の砦」と申し上げましたが、私は勤務間インターバル制度の推進に反対している訳ではありません。他に先駆けてこの問題に取り組んできた者の一人としては、むしろ勤務間インターバル制度が今後、もっと日本に普及していってほしいと願っています。しかし、何事も両面から検討しなければ真の価値がわからないように、良い側面だけ見ていては本当の意味で勤務間インターバル制度が日本の過重労働の改善に役立つとは思えないのです。

私たちが発表してきた勤務間インターバルに関するエビデンスは、勤務間インターバルを確保することの効果を自然科学的な見地から支持したものです。しかし、いく

らエビデンスがあるからと言っても、それがそのまま職場に反映されることはないでしょう。働く人々も文化も違うヨーロッパで導入されているワークルールをそのまま日本に当てはめてもうまくいかないと私は捉えています。おそらく、実態に合わないことから、せっかく出てきた大切な対策の芽を摘むことになるのではないかと危惧しています。

そこで、私が考える勤務間インターバル制度を日本に根付かせるためのキーワードとして「メリハリ」を挙げたいと思います。なぜ、メリハリなのか？　ということですが、以下の3つのアイデアをご覧ください。

① 毎日、勤務間インターバルを確保することは理想です。しかし、「規定されたインターバル時間よりも短い日が月何回以上あった人は配慮する」などの導入方法の方が広がると思います。例えば、月5日以上、11時間未満のインターバルであった人には個別に健康指導や産業医面談を実施することや、平均で月のインターバルが11時間未満の従業員に対して産業医面談を実施するなどの運用も考えられると思います。
② 夜勤や長距離運転等の後など、通常よりも労働負担の高い働き方をした場合、インターバルの時間を長く確保できるように配慮する運用も良いのではないでしょうか。
③ 一律、何時間としてインターバルを規定するよりも、個々の職場の実情に合わせて、例えば職場の安全衛生委員会等でインターバル時間や運用方法を議論してPDCAサイクルを回しながら運用する方法も効果的だと思います。

3つの工夫の根本にあるのは日本の働き方にマッチさせて、普及を念頭に置いた運用方法です。繰り返しますが、働く人も文化も違うヨーロッパのルールをそのまま日本に当てはめるのではなく、良い部分は取り入れつつも、日本型の勤務間インターバル制度に試行錯誤を繰り返しながら練り上げていく過程が重要なのだと思います。皆さんの職場でも、上記3つの工夫も考慮しながら勤務間インターバル制度の導入をご検討いただくことをお勧めします。

（久保　智英）

【参考文献】
1） European Union: Directive 2003/88/EC.

https://eur-lex.europa.eu/legal-content/EN/TXT/?uri=CELEX:32003L0088（2024年11月7日アクセス）
2）濱口桂一郎（2017）「なぜ EU 諸国では勤務間インターバル制度が受け入れられるのか？」『産業衛生学雑誌』59（Suppl.）：249
3）Kubo T, Izawa S, Tsuchiya M, Ikeda H, Miki K, Takahashi M. (2018). Day-to-day variations in daily rest periods between working days and recovery from fatigue among information technology workers: One-month observational study using a fatigue app. *J Occup Health*. 2018 Sep 26; 60(5):394-403. doi: 10.1539/joh.2018-0073-OA.
4）Ikeda H, Kubo T, Sasaki T, Liu X, Matsuo T, So R, Matsumoto S, Yamauchi T, Takahashi M. (2018). Cross-sectional Internet-based survey of Japanese permanent daytime workers' sleep and daily rest periods. *J Occup Health*. 2018 May 25; 60(3): 229-235. doi: 10.1539/joh.17-0165-OA.
5）Ikeda H, Kubo T, Izawa S, Nakamura-Taira N, Yoshikawa T, Akamatsu R. (2022). The Joint Association of Daily Rest Periods and Sleep Duration with Worker Health and Productivity: A Cross-Sectional Web Survey of Japanese Daytime Workers. *Int. J. Environ. Res. Public Health*. 19(17):11143.
　　https://doi.org/10.3390/ijerph191711143

Ⅶ　「つながらない権利」

1　あなたなら、どうしますか？　勤務時間外のメール

　次のようなメールが休日あるいは深夜に上司から届いた場合、皆さんはどう思いますか？

事例1：「○○社からの依頼の件、そのプレゼンの資料を至急、作成して送ってください。」
事例2：（金曜日の22時のメール）「○○の件、来週月曜の朝までにお願いします。」
事例3：「○○の件、進捗、どうなってますか？」

　おそらく、上記の問いに対して、「嫌な気持ちになった」という回答が大多数を占めるのではないでしょうか？　そして、その理由は、自分のプライベートな時間が仕事に奪われてしまうことへの嫌悪感にあるのだと思います。

　事例1と2のメールも、上司への嫌悪感あるいは怒りに結び付くものだと思いますが、質が悪いのは事例3のメールです。察することが美徳である日本の労働者にとっては、「何時までに何をどうしなさい」という明確な指示はありませんが、「早く仕事をしなさい」という無言のプレッシャーが感じられるはずです。

2　「つながらない権利」という考え方

　そこで本節では上記のような、情報通信技術が発達したことによる新しい労働問題に対する1つの対策としての「つながらない権利」を紹介します。

　この「つながらない権利」は、勤務時間外の仕事に関連する連絡を規制する法律として、2017年1月よりフランスにて施行されています。その内容は、50人以上の従業員がいる会社を対象にして、勤務時間外のメールや連絡を遮断する「完全ログオフ権」の定款を策定することが義務付けられているものです。また、その遮断する方法については、労使で協議して決めることが求められています。

　私の知る限り、フランスよりも先に、ドイツのノルトライン・ヴェストファーレン州において反ストレス法案（Anti-stress regulations）という名前で、「つながらない権利」と全く同じ考え方の法律が検討されていましたが、現在では、コロナの影響で全世界的にリモートワークが普及したこともあり、さまざまな国で導入され始めています。

　このような「つながらない権利」の世界的な広がりから垣間見えることは、プライベートな時間を大切にしているというイメージがある欧米人、特にヨーロッパの人々の間でも「つながらない権利」という武器を持たなければ、情報通信技術の発達に伴って生じた「目に見えない労働時間」の問題に対処できなくなってきているという事実ではないでしょうか。

3　勤務間インターバル制度がヨーロッパで形骸化してきている？

　では、なぜ、ヨーロッパにおいて「つながらない権利」という考え方が生まれたのでしょうか？　そのヒントはOECD（経済協力開発機構）の欧州労働条件調査（2016年）の結果にあると私は考えています[1]。その結果の中で、雇用者（自営業者）と従業員に分けて11時間未満の勤務間インターバルを月に1日でも経験したことのある人の割合を欧州連合（EU）の加盟国別に示しており、その割合が一番多い国はスペインで、従業員の約50％がそのような状況を経験していたことが示されています。さらにEU28カ国全体で見ても、その割合は23％でした。このことから、プライベートの時間を大切にしているヨーロッパの人々でも、11時間未満の勤務間インターバルを経験している労働者が意外と多いということがわかります。

　上述のOECDの調査結果は、副業の影響についても触れていましたが、私の推測ではヨーロッパにおいても情報通信技術による「目に見えない労働時間」の問題が顕在

化してきたのではないかと捉えています。私は以前、ヨーロッパでは勤務間インターバル制度は普通に働いていれば守れている空気のような制度であるという説明をどこかの論考において述べたことがあるのですが、もしかしたら、その説明は誤りであったのかもしれません。つまり、上記に示したデータは、ヨーロッパにおいてさえ、情報通信技術の発達に伴って勤務間インターバルが形骸化してきた傍証として捉えることができるのではないでしょうか。そういった状況の中、プライベートの時間を守る手立てとして生まれてきたのが「つながらない権利」なのではないかと私は考えています。

4 働く人々の疲労回復に重要なことは？：勤務時間外には物理的にも心理的にも仕事の拘束から離れること

　第4章でも触れましたが、そもそも働く人々にとってプライベートな時間はなぜ、重要なのでしょうか？　労働者の疲労研究という視点から考えてみたいと思います。これまでも述べてきたように従来の産業疲労研究では、病気による疲労は除いて、労働者の疲労は休憩、休息、休日といった仕事による拘束が解かれる状況において回復に向かうものとして考えられてきました。しかしながら、スマートフォンなどのいつでもどこでも仕事につながれてしまうツールの普及によってもたらされた「Always-on work」という現代の働き方の下では、仕事が終わって物理的に仕事から離れたとしても、心理的に仕事の拘束を受け続けるような状況が生じています。具体的には帰宅中あるいは就寝前に、スマホで仕事のメールをチェックして返信するということが、それにあたります。

　そこで、産業保健心理学の分野から、オフには退勤して物理的に職場から離れるだけではなく、心理的にも仕事の拘束から解放されることが重要であるとして「サイコロジカル・ディタッチメント」という概念が提唱されています[2]。情報通信技術の発展がますます進んだ社会では、今以上にオンとオフのメリハリが曖昧になってくることが予見されるので、この概念は今後、非常に重要になってくると思います。

　サイコロジカル・ディタッチメントが疲労回復にとって重要であることを示す知見を図5-Ⅶ-1に紹介します[3]。図の横軸は主観的に測定した「翌日の仕事への不安度」で、数値が大きくなればなるほど、不安を感じていることを示しています。縦軸は睡眠脳波を測定した際の深い睡眠段階の量を示しています。それらの関連性を37名の被験者を対象に検証した結果、翌日の仕事への不安度が高まるほど、つまり、ディタッチできていないほど、疲労回復に重要な深い睡眠が少なくなっている負の相関関

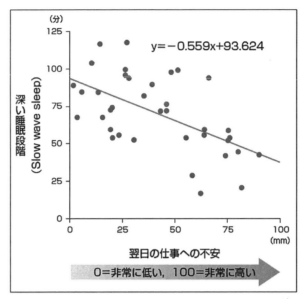

（出典：Kecklund G, et al., 2004 [3]）

図5－Ⅶ－1　睡眠脳波による深い睡眠段階と翌日の仕事への不安度の関連性

係が示されています。この結果からも、勤務時間外ではディタッチすることがいかに重要であるかということがわかるかと思います。

ちなみに、ディタッチには3種類あることが示唆されています。オランダのJan de Jonge教授によれば、勤務後のディタッチは、それぞれの仕事の特性に合わせて、ディタッチの仕方も変えるべきだと言われています[4]。つまり、ディタッチには身体的なディタッチメント（physical detachment）、認知的なディタッチメント（cognitive detachment）、情動的なディタッチメント（emotional detachment）の3種類のディタッチメントの仕方があるとされています。具体的には、

① 身体的なディタッチメント：身体的な仕事をした後では、あまり身体を使わないような休み方
② 認知的なディタッチメント：頭脳労働など、情報処理や問題解決のような主に認知的なリソースを必要とする仕事では、あまり頭を使わないような休み方
③ 情動的なディタッチメント：感情労働のような仕事で、その場に相応しい感情を作って働く対人サービス業などでは、勤務後には他人にあまり気を遣わないような休み方

がそれぞれ推奨されています。

5 「勤務間インターバル制度」と「つながらない権利」はセットにして初めて効果が発揮される

ここで、私たちのグループで行った勤務間インターバルの長さと勤務時間外の仕事の連絡の頻度が疲労関連指標にどのような影響を及ぼすのかについての研究を紹介します。そのリサーチ・クエスチョンとしては「勤務間インターバル制度でオフの時間が確保されたとしても、その中で仕事の連絡が多かったら疲労回復はなされるのか？」というものでした。図5-Ⅶ-2にその結果をお示しします。結果を見ると、勤務間インターバルが長くても勤務時間外に仕事メールが多い場合、疲労度が高くなることが示唆されました[5]。この知見は「Always-on work」の環境が普及した現代社会において、「つながらない権利」の有効性を強く支持するものだと考えられます。また、第3章のⅣ（37～39ページ）で解説したように、池田らの最新の知見（2023）では、出社あるいは在宅勤務といった働き方の違いや、メール、電話、ビデオ通話等の勤務時間外での連絡手段の違いで疲労回復への影響が異なることも示唆されています[6]。

以上のエビデンスからいえることとしては、勤務間インターバルはオフの量を確保する対策なのに対して、「つながらない権利」はオフの質を確保する対策として位置づけられるということになります。

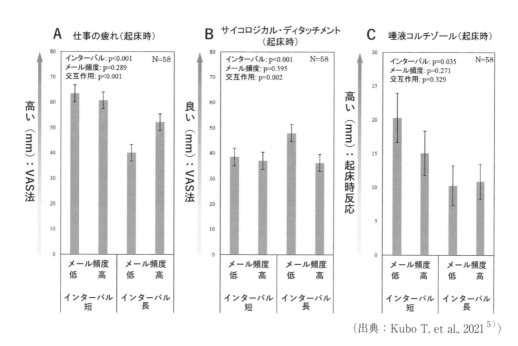

（出典：Kubo T, et al., 2021[5]）

図5-Ⅶ-2　勤務間インターバルの長さと勤務時間外の仕事メール頻度からみた疲労関連指標

6　勤務時間外での仕事メールは一律に規制すべきなのか？：セグメンテーション・プリファレンス

　ここまで「つながらない権利」は労働者の疲労回復に重要だということを述べてきました。しかし、勤務時間外での仕事メールは規制すべきなのでしょうか？　私はもちろん「つながらない権利」がわが国でも普及してくれることを願う者の一人ですが、実態を見ずにルールだけを押し付けることは実効性のないことだとも考えています。つまり、「仕事が楽しいから、オフでも仕事をしていたい！」という考えを持つ労働者が一定数いることも無視できないと思っています。そのような嗜好性を持つ労働者を考えないで「つながらない権利」といったルールだけ押し付けても、結局は私的なノートパソコンやメールアドレスを用いて仕事をするだけで、せっかく出てきた新しい有望な過重労働対策の芽が全く意味のない形骸化したルールになってしまうのではないでしょうか？

　ここで1つオフでの仕事への嗜好性をタイプ別に、オフでの仕事に関するスマホの使用頻度と、仕事と家庭のバランスがうまくいっていないときの感覚（ワークファミリーコンフリクト）の関連性を調べた研究を紹介したいと思います。オンとオフでの働き方への嗜好性のことをセグメンテーション・プリファレンス（segmentation preference）と呼んで、オンとオフを統合して働きたい人（つまり、オフでも働きた

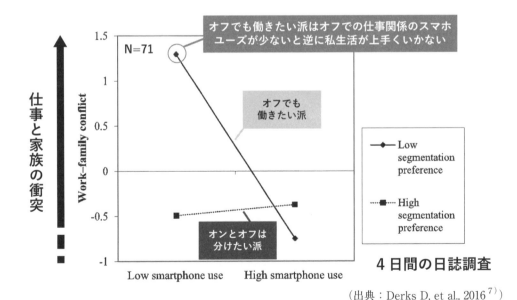

（出典：Derks D, et al., 2016[7]）

図5-Ⅶ-3　オンとオフでの働き方への嗜好性と勤務時間外のスマートフォンの使用がワークファミリーコンフリクトに及ぼす影響

い派）をインテグレーター（integrator）、オンとオフはきっぱり分けたいという人はセグメンター（segmentor）と呼びます。71名の労働者を対象に4日間の日誌調査法で上述した関連性を検討したオランダのDerksらのデータ[7]では、セグメンターたちはオフでのスマホ使用頻度が高い日でも低い日でも、ワークファミリーコンフリクトに影響はありませんでした（図5-Ⅶ-3）。一方、インテグレーターの場合、逆に、オフで仕事に関わるスマホ使用頻度が低い日にはワークファミリーコンフリクトが生じるという結果でした。このことから、「つながらない権利」を現場の働き方を無視して強制してしまうことは、インテグレーターのような労働者に対しては、逆にストレスを感じさせてしまうことになると想像されます。

7　オフでも仕事をしたい派をどうするか？：疲労の見える化が重要

　では、オフでも働きたい派にも考慮して、勤務時間外での仕事メールの使用は無制限に許容されるべきでしょうか？　それも私は違うと考えています。コロナによる影響でリモートワークが全世界的に普及しています。そういった中で、「つながらない権利」で勤務時間外での仕事メールを規制すると、大変困るというインテグレーターからの声もわかるのですが、オフでの嗜好性の違いがあるとはいえ、セグメンターであろうと、インテグレーターであろうと、生身の人間であることに変わりはありません。つまり、それぞれ個々人の許容量は確実に存在していて、それを大きく超えて働き続けることは過重労働になって、事故の発生や健康障害に結び付くことは明らかです。

　今後、技術の発展によって「Always-on work」が広がっていくことで、オンとオフの境界線が今以上に曖昧になると私は捉えています。したがって、同僚や上司がどのような仕事をどれだけしているのか、より一層、わかりにくくなる働き方に備えることが大切だと思います。そこで、それに対する対処としては、皮肉なことではありますが、こういった状況を引き起こしている情報通信技術を逆に利用して、例えば、ウェアラブルデバイス等により、仕事の量と内容、そして疲労の見える化が近未来の過重労働対策となり得るのではないかとも私は考えています。

8　絵に描いた餅にならないように：実態を踏まえた「つながらない権利」の導入方法

　上述した通り、「つながらない権利」は現在、ヨーロッパを中心にして法制化が進

んでいます。しかし、導入方法にはさまざまな角度からの議論が必要だと思います。「つながらない権利」に限らず、さまざまな対策を検討する際には、必ず利点と課題の両側面から検討することが大切だと思います。上述してきたことは、そのような議論を進める上で有用な情報になり得ると私は思っています。また、独立行政法人労働政策研究・研修機構の山本が海外で「つながらない権利」がどのように導入されているかの分類をしているので、**表5－Ⅶ－1**に示します[8]。この情報は非常に参考になると思います。

第5章のⅥ「勤務間インターバル制度」でも述べましたが（93～94ページ）、働く人や環境、文化も異なる場所で生まれたルールを日本にそのまま当てはめてもうまく機能せずに絵に描いた餅になると私は考えています。「つながらない権利」という新しい時代における有望な過重労働対策の芽を摘まないためにも、「つながらない権利」というルールをベースに置きながらも、職場の安全衛生委員会などが中心になって、職場ごとの特性を踏まえてそれらのルールをカスタマイズしていく過程が重要だと思っています。したがって、表5－Ⅶ－1の分類の中では「類型4」や「類型5」のタイプのような各職場の特性に応じた導入の仕方が望ましいのではないかと私は考えています。いずれにしても、休むことへの価値観が極端に低いわが国の労働者にとって、オフを重視する勤務間インターバル制度と「つながらない権利」が、日本の働き方を変える吉兆になることを切に願っています。

表5－Ⅶ－1　海外諸国での「つながらない権利」の法的な導入方法を分類

	内容
類型1	労働時間外に業務上の連絡に対応しなかったことを理由とする解雇などの不利益取り扱いの禁止
類型2	労働時間外における業務上の連絡の禁止
類型3	労使の協定や労働契約中における「つながらない」時間帯の明記の義務付け
類型4	「つながらない」ための具体的な措置の義務付け
類型5	「つながらない権利」行使のための労使交渉・企業内ポリシー策定の義務付け

（出典：山本陽大、2024[8]）

（久保　智英）

【参考文献】
1) Parent-Thirion A, Biletta I, Cabrita J, Vargas Llave O, Vermeylen G, Wilczyńska A, & Wilkens M. (2016). Sixth European working conditions survey-overview report.
2) Sonnentag S, Arbeus H, Mahn C, & Fritz C. (2014). Exhaustion and lack of

psychological detachment from work during off-job time: moderator effects of time pressure and leisure experiences. *Journal of occupational health psychology.* 19(2): 206-216.
https://doi.org/10.1037/a0035760

3) Kecklund G, & Akerstedt T. (2004). Apprehension of the subsequent working day is associated with a low amount of slow wave sleep. *Biological psychology.* 66(2):169-176.
https://doi.org/10.1016/j.biopsycho.2003.10.004

4) Jonge J, Spoor E, Sonnentag S, Dormann C, Tooren M (2012)."Take a break?!" Off-job recovery, job demands, and job resources as predictors of health, active learning, and creativity, *European Journal of Work and Organizational Psychology.* 21(3):321-348.

5) Kubo T, Izawa S, Ikeda H, Tsuchiya M, Miki K, Takahashi M. (2021). Work e-mail after hours and off-job duration and their association with psychological detachment, actigraphic sleep, and saliva cortisol: A 1-month observational study for information technology employees. *Journal of occupational health.* 63(1):e12300.
https://doi.org/10.1002/1348-9585.12300

6) Ikeda H, Kubo T, Nishimura Y, Izawa S. (2023). Effects of work-related electronic communication during non-working hours after work from home and office on fatigue, psychomotor vigilance performance and actigraphic sleep: observational study on information technology workers. *Occupational and environmental medicine.* 80(11):627-634.
https://doi.org/10.1136/oemed-2023-108962

7) Derks D, Bakker AB, Peters P, Wingerden P (2016). Work-related smartphone use, work? family conflict and family role performance: The role of segmentation preference. *Human Relations.* 69(5):1045-1068.

8) 山本陽大「つながらない権利とは何か？─類型整理と本フォーラムの目的」『ビジネス・レーバー・トレンド』2024年12月号

Ⅷ 交替制勤務のシフトスケジューリングで配慮すべき点

1 ガイドラインの必要性

　不規則勤務者の健康性や安全性を維持するために注目すべき点は、①長時間拘束、②夜間早朝勤務、③睡眠や勤務間インターバルなどの疲労回復機会であることが前述（第3章のⅡ）の内容から言えます。これに④週末に休日を配置するなどの生活の質に関する社会性の項目を加えたものが、交替制勤務におけるスケジューリングのガイドラインとして、国や年代、業種による労働問題の違いはあるものの、内容は大きくは変わらずに作られてきました（表5－Ⅷ－1）[1～3]。ガイドラインでは、推奨事項として連続夜勤の制限や早朝勤務の禁止、夜勤時間の短縮などが挙げられていますが、ひと月や年単位での勤務回数や労働時間の制限については書かれていません。数

表5-Ⅷ-1　交代勤務スケジューリングのガイドライン

ルーテンフランツ9原則
1. 夜勤は最小限にとどめるべき
2. 日勤の始業時刻は早くすべきでない
3. 勤務交代時刻は個人レベルで融通性を
4. 勤務の長さは労働負担の度合いによって決め、夜勤は短くする
5. 短い勤務間隔時間は避ける
6. 少なくとも2連休の週末休日を配置する
7. 交代方向は正循環がよい
8. 交代の1周期は長すぎないほうがよい
9. 交代順序は規則的に配置すべき

ポワソネ6原則
1. できるだけ夜勤を減らす。できない場合は、長期交代より短期交代がよい
2. 9時間〜12時間のような長時間労働は、業務負担が適切な場合のみに限定すべきである。そのときでも、疲労や有害物質への曝露を制限する
3. 日勤の始業を午前6時以前にしない
4. 深夜勤と準夜勤を同日に行なうような短い勤務間隔時間は避けるべきである
5. 連続勤務日は最大でも7日までとすること。少なくとも週末に2連続の休日を設ける
6. 正循環の交代周期が望ましい

ルーテンフランツ9原則とポワソネ6原則の対応表		
連続夜勤の制限	①	❶
早朝始業の禁止	②	❸
制度の弾力化	③	
夜勤時間の短縮・夜勤負担の軽減	④	❷
十分な勤務間隔時間	⑤	❹
2連休の週末休日	⑥	❺
正循環の交代方向	⑦	❻
交代周期の短縮	⑧	❶
規則的な交代順序	⑨	

（出典：佐々木司、2011[3]）

値基準がなかったことはかえって汎用性の高いものであったとも言えます。興味深いのは、過重な働き方の一つである短い勤務間インターバルについて、交替制勤務研究では勤務間隔時間として1980年代にはすでに注目されていました。

　交替制勤務ガイドラインとして、明確な数値基準がなく、法的な規制も強くなかったことは、不規則勤務の健康・安全への影響に関する知見が蓄積されておらず、社会にも実際に不規則勤務を行っていた当事者にも問題のある働き方として広く認知されなかったことが理由に挙げられるかもしれません。しかし、交替制勤務だけではなく、運送業のような職場・個人で労働時間や開始時刻が異なり、しかも一定しない不規則な働き方の問題が、過労死の事例研究から注目されるようになっています。その

ような背景から、不規則勤務の多様なシフトスケジュールの改善には、職場や個人が働き方を見直すために問題のある働き方の是非を問うだけでなく、実際に改善していくための数値基準を求める声が現場から聞かれていました。

2 数値基準のある交替制勤務スケジュールガイドライン

これまでの交替制勤務ガイドラインには、対策の優先順位や推奨項目ごとの重み付けがなかったため、職場改善活動には使いにくいものであったかもしれません。実際に交替制勤務ガイドラインを活用することで、労働時間や勤務パターンを変化させる効果については不明なままでした。そこで、交替制勤務と長時間労働の健康および安全上のリスクを自主的に防止するために、数値基準のあるガイドラインが登場しました[4]。交替制勤務の医療従事者の5年間の労働時間データ解析結果[5]をベースに作られたこのガイドラインは、健康に関連する可能性のある交替制勤務の4つの視点(労働時間、シフトタイミング、回復機会、労働時間の裁量度)について、信号機のように4段階で数値基準が示されているところが特徴です(表5-Ⅷ-2)。この表を使えば、職場や個人の交替制勤務スケジュールの問題点の把握、改善点の優先順位を付けやすいことが一目でわかります。

3 交替制勤務スケジュールへの介入効果

実際の労働場面における交替制勤務スケジュールへの介入効果の具体例を3つ紹介します。

(1) 医療保健業で働く45歳以上の従業員への人間工学的シフトスケジュールの導入(週の労働時間は50時間以内、連続夜勤は5回まで、夜勤後に2日以上の休日がある、夜勤の長さは10時間まで、準夜勤-日勤のクイックリターン(11時間未満の短い勤務間インターバル)は3週間で2回以下に減らす)は、労働面では11時間未満のシフト間隔と週末の勤務を減らし、健康面では睡眠の量と質が改善されました[6]。

(2) クイックリターンの回数を減らす介入を大学病院の医療従事者を対象に6カ月間行ったところ、不眠症状や日中の眠気が改善されました[7]。調査期間中に、クイックリターンが平均で13.2回から6.7回に減少した介入群では、対照群に比べて、Bergen Insomnia Scale(不眠症を測定する尺度)やEpworth Sleepiness Scale(ある日常活動下で眠ってしまう可能性を測定する尺度)の結果が改善しました。交替制勤務の中でも、夜勤前後にクイックリターンが生じる勤務の組合せでは、昼間に睡眠をとる機会が多くなります。昼間は睡眠時間が短くなるだけでなく、睡眠をとるタイミングも不規則

表5-Ⅷ-2　FIOH（フィンランド労働衛生研究所）の「信号機」勧告

	高過負荷、避けるべき（赤信号）	過負荷、推奨されない（橙信号）	労働負荷の増大（黄信号）	推奨（青信号）
1. 労働時間の長さ				
1.1. 労働時間の長さ（週の労働時間 or 2連休で挟まれた期間の労働時間）（時間）	>55:00	48:01-55:00	40:01-48:00	≤40:00
1.2. シフトの長さ（フルタイム勤務、時間）	>14:00 or <4:00	12:01-14:00	10:01-12:00	04:00-10:00
1.3. 夜勤の長さ（フルタイム勤務、時間）	>12:00	10:01-12:00	08:01-10:00	≤08:00
1.4. 連続勤務数（フルタイム勤務）	≥8 or 1	7	6 or 2	3-5
2. 労働時間のタイミング（4週間）				
2.1. 連続する早朝勤務の数	≥9	5-8	1-4	0
2.2. 連続する夕勤の数	6	5	4	0-3
2.3. 連続する夜勤の数	≥6	5	3-4	0-2
3. 回復				
3.1. 11時間未満の勤務間インターバルの4週間での数	≥4	3	2	0-1
3.2. 夜勤後の自由時間の長さ（時間）	<11	11:00-27:59	28:00-48:00	>48
3.3. 週の休養時間（月曜00:00から日曜24:00の間、時間）	<24	24:00-34:59	35:00-48:00	>48
4. 労働時間の社会的側面（4週間）				
4.1. 自由な週末の数		0	1	2-4
4.2. 単日休日の数	≥5	4	2-3	0-1
4.3. 分割勤務の数	≥4	2-3	1	0
5. 労働時間を制御するための個人の可能性				
5.1. 希望するシフトが実現した			いいえ	はい

（出典：Härmä M, et al. 2022[4]の補足資料を著者訳）

になることを意味しており、睡眠時間の長さと就床時間の不規則さが大きいほどに心血管疾患リスクを増大させてしまうことも報告されています[8]。

　(3)　5日サイクルの8時間3交替（勤務サイクルは、午後勤：14〜21時、朝勤：

7〜14時、夜勤：21〜7時、明け、休日、休日）または12時間2交替（勤務サイクルは、日勤：7〜19時、夜勤：19〜7時、明け、休日、休日）に従事する看護師の睡眠が比較されました[9]。クイックリターンのある3交替制よりも2交替制では睡眠の問題が小さく、睡眠時間のばらつきと睡眠の分割が少なくなっていましたが、夜勤中の眠気には3交替制と2交替制の間で差が見られませんでした。また、勤務間インターバルが長いことは、2交替制の長時間夜勤の疲労回復の促進につながっていました。

4　交替制勤務とは異なる不規則勤務の問題点

　貨物や旅客を運送する運輸業でよく見られる不規則勤務は、交替制勤務とは異なり、勤務スケジュールの変更頻度が高く、始業終業時刻のばらつきが大きいことが特徴です。このような不規則勤務の健康への影響は、既存の交替制勤務スケジュールガイドラインでは言及されていません。過労死の多い日本のトラックドライバーにおいて、どのような不規則勤務が血圧の上昇や動脈硬化指標の悪化と関連するのか調べられています[10]。長距離（宿泊あり）と地場（日帰り）トラックドライバーに対して30日間の自宅睡眠測定と、勤務日の出勤時と退勤時に血圧および動脈硬化度の測定を行いました。長距離トラックドライバーでは血圧の上昇には、睡眠時の離床回数が多いこと、1回の勤務の拘束日数が長いこと、起床時刻が早いことが関連していました。また、地場トラックドライバーでは血圧および動脈硬化度の上昇には、ひと月あたりの出発時刻が遅いこと、起床時刻が早いことが関連していました。他には、休日明けの勤務で血圧が上昇し、ひと月あたりの出発時刻差が大きいほど、離床回数が多いほど動脈硬化が悪化する関連が見られました（図5－Ⅷ－1）。これらの結果は、不規則勤務では夜勤や早朝勤務が多いほど、起床時刻や出勤時刻の変動が大きくなるほど健康に悪影響を及ぼす可能性を示しています。トラックドライバーの健康管理には、不規則勤務スケジュールのうち、長時間労働の抑制に加えて、夜間・早朝勤務回数の制限や、出発時刻などの勤務時間の変動が小さくなるような勤務調整、十分な長さの規則的な睡眠がとれるような勤務スケジュールが有効であるようです。

5　勤務スケジュールの導入プロセスの重要性

　交替制勤務スケジュールのガイドラインでは、勤務スケジュールに個人の希望が反映されることが推奨されています。しかし、個人で全くの自由にシフトスケジュール

測定2938回	収縮期血圧			拡張期血圧			動脈硬化（上腕）			動脈硬化（全身）		
投入変数	β	95%信頼区間	p	β	95%信頼区間	p	β	95%信頼区間	p	β	95%信頼区間	p
個人間												
勤務												
前日が休日	-22.05	-118.80　74.70	0.650	-39.25	-114.79　36.30	0.302	29.15	-1.10　59.41	0.059	-22.79	-47.22　1.64	0.067
夜勤（22-5時にかかる）	5.74	-5.62　17.11	0.316	0.28	-8.60　9.15	0.950	-0.06	-3.60　3.48	0.973	0.22	-2.65　3.08	0.880
拘束時間	-1.02	-4.00　1.96	0.496	0.89	-1.44　3.21	0.448	0.36	-0.58　1.29	0.445	*-1.20*	*-1.95　-0.45*	*0.002*
勤務間インターバル	-0.23	-1.74　1.28	0.766	0.43	-0.75　1.61	0.471	0.29	-0.18　0.76	0.220	-0.08	-0.46　0.30	0.680
出発時刻	*5.52*	*0.49　10.56*	*0.032*	3.21	-0.72　7.14	0.107	0.67	-0.91　2.25	0.399	*2.14*	*0.87　3.41*	*0.001*
休憩時間	-0.02	-0.11　0.08	0.702	-0.02	-0.10　0.05	0.506	0.02	-0.01　0.05	0.188	0.00	-0.02　0.02	0.946
出発時刻差（当日-前日）	-0.92	-14.94　13.10	0.896	-1.70	-12.65　9.25	0.757	*4.41*	*0.02　8.80*	*0.049*	0.15	-3.39　3.70	0.931
勤務前の自宅睡眠												
総就床時間	-2.19	-5.41　1.04	0.180	-0.18	-2.69　2.34	0.890	-0.70	-1.70　0.31	0.172	-0.43	-1.24　0.39	0.296
起床時刻	*-5.96*	*-11.84　-0.07*	*0.047*	-3.23	-7.82　1.37	0.165	-0.50	-2.34　1.34	0.590	*-2.58*	*-4.07　-1.10*	*0.001*
睡眠効率	-0.17	-0.49　0.15	0.298	-0.08	-0.33　0.17	0.525	-0.10	-0.20　0.00	0.061	0.02	-0.06　0.10	0.623
離床回数	3.77	-1.98　9.52	0.194	2.88	-1.61　7.37	0.203	-1.06	-2.86　0.73	0.240	*1.90*	*0.45　3.35*	*0.011*
個人内												
勤務												
前日が休日	*4.04*	*1.26　6.83*	*0.004*	*2.06*	*0.11　4.02*	*0.039*	0.96	-0.69　2.60	0.255	1.10	-0.15　2.35	0.085
夜勤（22-5時にかかる）	1.45	-0.53　3.42	0.151	1.24	-0.13　2.62	0.076	0.24	-0.92　1.40	0.689	-0.09	-0.97　0.79	0.840
拘束時間	0.08	-0.08　0.25	0.307	*0.13*	*0.01　0.24*	*0.029*	-0.01	-0.11　0.09	0.786	0.03	-0.04　0.10	0.393
勤務間インターバル	-0.07	-0.13　0.00	0.054	-0.04	-0.09　0.00	0.074	-0.02	-0.06　0.02	0.308	-0.01	-0.04　0.02	0.651
出発時刻	0.40	-0.15　0.95	0.157	*0.51*	*0.13　0.89*	*0.009*	-0.07	-0.39　0.25	0.656	0.10	-0.14　0.34	0.420
休憩時間	0.00	-0.01　0.01	0.906	-0.01	-0.01　0.00	0.138	0.00	-0.01　0.01	0.615	0.00	-0.01　0.00	0.514
出発時刻差（当日-前日）	0.11	-0.33　0.55	0.618	0.01	-0.30　0.32	0.944	0.20	-0.05　0.46	0.120	-0.05	-0.25　0.14	0.587
勤務前の自宅睡眠												
総就床時間	0.04	-0.45　0.54	0.861	*-0.43*	*-0.77　-0.08*	*0.016*	*0.30*	*0.01　0.59*	*0.045*	-0.11	-0.33　0.11	0.339
起床時刻	0.12	-0.41　0.65	0.659	0.19	-0.18　0.56	0.316	-0.21	-0.53　0.10	0.177	-0.05	-0.28　0.19	0.705
睡眠効率	0.10	-0.01　0.20	0.068	0.02	-0.06　0.09	0.659	-0.01	-0.08　0.05	0.652	*0.06*	*0.01　0.10*	*0.014*
離床回数	0.63	-0.13　1.39	0.102	-0.02	-0.54　0.51	0.947	-0.11	-0.55　0.34	0.635	0.14	-0.19　0.48	0.406

β（95%CI）：マルチレベルモデルによるパラメータ推定量（性別、年齢、BMI、既往歴、降圧剤服用、喫煙、測定点を調整済み）
太字：p<0.05

（出典：松元俊、2024[10]）

図5－Ⅷ－1　不規則勤務・睡眠と血圧、動脈硬化度との関連

を組むと、十分な睡眠や回復機会および職場の運営機能を犠牲にしても、より長い継続的な自由時間を優先してしまったケース[11]、労働時間のガイドラインを示した上で、スケジューリングのソフトウェアを使っても8時間以上の長時間勤務が増えてしまったケース[12]が報告されています。新しい勤務スケジュール導入の成功例では、はじめにアンケートおよび客観的な睡眠や疲労調査を行った上で、従業員だけでなく使用者や労働衛生の専門家を交えて新しい勤務スケジュールを計画・選定していました[13]。

　この手続きを経て、勤務スケジュールを、MMM- -NNN- -EEE- -（E＝夕勤、M＝朝勤、N＝夜勤、- ＝休日）から、MEN- -に変更したところ、朝勤と夕勤が8時間から10時間に延長され、夜勤が8時間から9時間に延長されたにもかかわらず、夜勤後の睡眠時間が増えていました。特に45歳以上の従業員は夜勤中の覚醒水準およびパフォーマンステストの成績が改善しただけでなく、その効果は夜勤後の自由時間にまで及んでいました。導入から1年後のアンケートでは、新しい勤務スケジュールの健康感、幸福感、生活の質にまでポジティブな効果を示していました。導入プロセスの重要性は、調査参加者の全員が新しい勤務スケジュールを支持していたことにも現れ

ています。

　日本の病棟看護師の勤務スケジュールへの介入の際に、前述のガイドライン[1, 2]を踏まえて職員へのヒアリングを行い、従来の4連続夜勤（深夜勤−深夜勤−準夜勤−準夜勤）で働く際の疲労度が特に高いという意見が抽出されました。病棟管理者と職員の意見をもとにシフトスケジュールへの介入策を協議した結果、4連続夜勤の中程に休日を挿入する（深夜勤−深夜勤−【休日】−準夜勤−準夜勤）案が採用されました。この介入により勤務間インターバルが部分的に延長され、従来シフトよりも疲弊度が低下し、回復と関連する仕事からの心理的距離が良好になる結果が得られました[14]（詳細は113〜114ページを参照してください。）。ひと月の労働時間や休日数は介入前後で差は見られず、この介入は病棟管理者と職員の両方から支持されていました。勤務スケジュールの改善は、①ヒアリングなどによる疲労実態調査、②産業保健スタッフなど第三者を含む関係者間でのガイドラインを用いた対策案の協議、③対策効果の検証、の3つのプロセスで行うことが重要です。

（松元　俊）

【参考文献】
1）Knauth P, Rutenfranz J. (1982). Development of criteria for the design of shiftwork systems. *J Hum Ergol* (Tokyo). 11(Suppl.):337-367. PMID: 7188470.
2）Poissonnet CM, Véron M. (2000). Health effects of work schedules in healthcare professions. *J Clin Nurs*. 2000 Jan; 9(1):13-23.
3）佐々木司（2011）『ルールがかわれば変わる看護師の交代勤務』看護の科学社、48-49
4）Härmä M, Shiri R, Ervasti J, Karhula K, Turunen J, Koskinen A, Ropponen A, Sallinen M. (2022). National recommendations for shift scheduling in healthcare: A 5-year prospective cohort study on working hour characteristics. *Int J Nurs Stud*. 2022 Oct; 134:104321.
5）Härmä M, Ropponen A, Hakola T, Koskinen A, Vanttola P, Puttonen S, Sallinen M, Salo P, Oksanen T, Pentti J, Vahtera J, Kivimäki M. (2015). Developing register-based measures for assessment of working time patterns for epidemiologic studies. *Scand J Work Environ Health*. 2015 May 1; 41(3):268-279.
6）Karhula K, Hakola T, Koskinen A, Lallukka T, Ojajärvi A, Puttonen S, Oksanen T, Rahkonen O, Ropponen A, Härmä M. (2021). Ageing shift workers' sleep and working-hour characteristics after implementing ergonomic shift-scheduling rules. *J Sleep Res*. 2021 Aug; 30(4):e13227.
7）Djupedal ILR, Harris A, Svensen E, Pallesen S, Waage S, Nielsen MB, Sunde E, Bjorvatn B, Holmelid Ø, Vedaa Ø. (2024). Effects of a work schedule with abated quick returns on insomnia, sleepiness, and work-related fatigue: results from a large-scale cluster randomized controlled trial. *Sleep*. 2024 Jul 11; 47(7):zsae086.
8）Huang T, Mariani S, Redline S. (2020)Sleep Irregularity and Risk of Cardiovascular Events: The Multi-Ethnic Study of Atherosclerosis. *J Am Coll Cardiol*. 2020 Mar 10; 75(9):991-999.

9） Costa G, Anelli MM, Castellini G, Fustinoni S, Neri L. (2014). Stress and sleep in nurses employed in "3×8" and "2×12" fast rotating shift schedules. *Chronobiol Int.* 2014 Dec; 31(10):1169-1178.
10） 松元俊（2024）「トラックドライバーの夜間早朝出発を伴う不規則勤務スケジュールが血圧・動脈硬化に及ぼす影響の検討」日本労働研究雑誌、66（2・3）：77-92
11） Kecklund G, Eriksen CA, Akerstedt T. (2008). Police officers attitude to different shift systems: association with age, present shift schedule, health and sleep/wake complaints. *Appl Ergon.* 2008 Sep; 39(5):565-571.
12） Karhula K, Turunen J, Hakola T, Ojajärvi A, Puttonen S, Ropponen A, Kivimäki M, Härmä M. (2020). The effects of using participatory working time scheduling software on working hour characteristics and wellbeing: A quasi-experimental study of irregular shift work. *Int J Nurs Stud.* 2020 Dec; 112:103696.
13） Härmä M, Tarja H, Irja K, Mikael S, Jussi V, Anne B, Pertti M. (2006). A controlled intervention study on the effects of a very rapidly forward rotating shift system on sleep-wakefulness and well-being among young and elderly shift workers. *Int J Psychophysiol.* 2006 Jan; 59(1):70-79.
14） Kubo T, Matsumoto S, Izawa S, Ikeda H, Nishimura Y, Kawakami S, Tamaki M, Masuda S. (2022). Shift-Work Schedule Intervention for Extending Restart Breaks after Consecutive Night Shifts: A Non-randomized Controlled Cross-Over Study. *Int J Environ Res Public Health.* 2022 Nov 15; 19(22):15042.

Ⅸ　職場の疲労カウンセリング

「全ての職場に共通して高い効果が得られる疲労対策はあるのでしょうか？」

これが本節を通して私から皆さんに考えてほしい問いかけです。

1　技術革新の歴史から：働き方、暮らし方は想像以上に早く変化している

これまでの人類史を振り返った際、新しい技術が登場するたびに生産性が飛躍的に高まってきました。例えば、昔は手書きで文章を書いていたのが、タイプライターが登場し、その後にはパソコンが普及したことをご想像ください。さらに、現在ではAIによってタイピングなしでも音声だけで会議の議事録が簡単に完成してしまう世の中になっています。しかし、新しい技術の登場によってできた隙間時間は私たちの余暇の時間を増やす方向ではなく、残念ながら、新しい作業時間にとって代わっているのが現状です。

このことから読み取れる近未来の社会の流れとしては、新しい技術の登場は仕事が

いつでもどこでも遠慮もなく私たちの暮らしの中に入ってきてしまう「Always-on work」の社会の到来を招くことになるということです。さらに注目すべきは技術革新の歴史の流れは、新しい技術が登場するまでのスパンがどんどん短くなっていることも見過ごせないでしょう。

　新しい技術が登場するたびに、私たちの働き方、暮らし方は劇的に変化しています。そして、それに付随してGIGワーク（雇用契約を結ばない単発で短時間の仕事）やリモートワークなど、従来の産業保健対策では追いつかない新たな労働問題が生じていることは皆さん、ご承知の通りです。しかし、その一方で労働基準法や労働安全衛生法などの法規制は、問題が生じてから、その対応を考えて法改正というプロセスになるので、次々と現れる新しい労働問題に対処するには限界があると言わざるを得ません。したがって、法規制はとても強力で重要ですが、1次予防というよりも2次予防、3次予防の特徴が強いので、今後生じ得る安全衛生上のリスクに対しては新しいアプローチが求められることになるでしょう。

2　職場での自主対応の重要性：ローベンス報告と参加型改善

　1972年の英国、ローベンス卿を委員長とした7名の委員から提出された報告書が「ローベンス報告」[1]として50年ほど経った現在でも、世界的に重要視されています。その背景や内容を簡潔に述べるとこうなります。18世紀の産業革命以降の英国では労働災害や事故、職業病が多発していて、それを防止するために多くの規制が策定され、一定の効果を上げていました。しかし、この「法律順守型」のアプローチの下では、法規制が膨大で細分化されすぎてしまって、労災防止の責任者である事業者が順守すべき法規制が複雑すぎてわからない状況や、事業者の自主的な対応が軽視されていたこと、さらには新しい技術革新に迅速な労働安全衛生の対応が難しくなっていたそうです。そこで、このローベンス報告では、自主対応型の対策の重要性や法律は原則的な部分に重きを置くことが提案されています。この考え方は新型コロナによって一変してしまった現代社会での労働問題にも通じることだと私は捉えています。

　また、このことを早くから重視して国内外で実践し、職場に根付いた自主対応型の対策を普及させてきたのが公益財団法人大原記念労働科学研究所（大原労研）の小木和孝です。小木はこのような活動を「参加型の職場改善」というキーワードを用いて国内外でその考え方を広めてきました[2]。その主な内容は次の通りです。

　職場で生じる健康や安全の問題の改善には、経営者や管理者だけの視点では十分で

はなく、現場で働く労働者や産業保健スタッフ、外部の専門家等からの視点も重要です。参加型の職場環境の改善とは、経営者によるトップダウンでの改善ではなく、さまざまな立場にある人が改善活動に関わって対話をしながら一緒に改善を進めていくものです。その主な特徴は①ローコストですぐに実践できるような工夫、②元々職場にある改善のための芽を掘り起こすこと、③悪い部分を指摘するのではなく、良好事例を集めて良い側面を伸ばすことにあります。

3　職場の疲労カウンセリングとは？

　本節で紹介したい新しい職場での疲労対策としての「職場の疲労カウンセリング」は、上記のローベンス報告や小木の参加型改善、同じく大原労研の佐々木の考え方にインスパイアされたものです。私はこれまでさまざまな職場での疲労問題やその対策を研究してきました。そして、自分で言うのも恐縮ですが、それなりの「研究」成果を上げてきたつもりです。しかし、職場での疲労調査で協力していただいた現場では、調査中は改善あるいは変化するものの、しばらく経つと元に戻ってしまうことに常に頭を悩ませていました。私が理想とするのは論文や学会発表が最終ゴールになってしまう「研究のための研究」ではなく、研究が改善に結びつくことです。産業衛生は特にそうあるべきだと強く思ってきました。

　そこで、川崎市の菅生にあった財団法人労働科学研究所（現・大原労研）に学生時代から共に出入りしていた長年の相棒でもある松元俊（産業疲労研究会の代表世話人）とともにどのようにして研究を改善に結びつけるのかについて繰り返し議論してきました。結果、そのヒントはこれまで労働科学研究所の諸先輩方から教わってきた「現場の声に基づいた研究、調査であるべし」という教えにあるということに一周回って立ち返ってきました。つまり、論文や学会などで言われていることだけを真実とするのではなく、改善したい職場で働いている人々やその環境をじっくりと観察し、彼らのニーズをうまく捉えて対策に結びつけるプロセスが大切であるという結論に至りました。

　また、そう思うようになった理由としては産業疲労の特徴にもあります。つまり、働く人々の疲労は同じ状況に長い間、縛られ続けて、その状況から逃れられない場合に生じるものです。肉体的、精神的な疲労も、その原因は拘束された状況にあります。したがって、労働者の疲労対策の基本は、拘束された状況から労働者を解放できる機会を設けること、つまり、休息、休憩、休日などの休む機会を疲労が過労に至る前の段階で付与することにあります。しかし、働き方は業種や職場、労働者の特性等

の違いによって大きく異なるので、それらを考慮しない有効な疲労対策はあり得ないでしょう。おそらく、それらの特性を考慮しなければ、これまで私が失敗してきたように、調査が終了した後にはすぐに元の状態に戻ることでしょう。

そこで、私たちが考える「職場の疲労カウンセリング」とは、図5−Ⅸ−1に示すように、①現場の労働者に対するヒアリングを通じて、その職場特有の疲労問題を抽出する過程、②抽出された疲労要因への対策を現場スタッフと研究者（産業保健スタッフ）で協議する過程、③提案された対策の効果を現場介入調査等で評価する過程を経て、最終的に職場にフィードバックし、当該職場の安全衛生の向上に役立てるための手法です。上記では「研究者」とありますが、ここは産業保健スタッフに置き換えてお読みください。そうすることによって、本書の読者の皆さんにも実践可能な手法であるということがご理解いただけるのではないでしょうか。

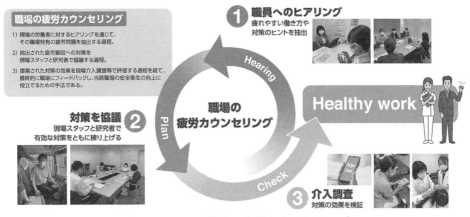

図5−Ⅸ−1　職場の疲労カウンセリング

4　職場の疲労カウンセリングの実践事例

では、具体的なイメージをつかんでいただくために2つの実践例を紹介します。

●交替制勤務看護師に対する実践事例

まずは3交替逆循環のシフトを導入している病棟で働く交替制勤務看護師に対して職場の疲労カウンセリングを行った事例です。

図5−Ⅸ−1にあるように、この調査を行う前には現場で働く看護師や看護師長の方々に協力いただき、実際の交替制勤務シフト表を一緒に見ながら、

① どのようなシフトの組み合わせが疲れるのか？
② どのように変更することが疲労軽減になるのか？

について一人ひとり丁寧にヒアリングを行いました。その結果、疲労しやすいシフトの組み合わせは「深夜→深夜→準夜→準夜」にあるという声が多かったので、現場の看護師と共に考えた対策としては、生体負担の高い連続深夜勤務後に勤務間インターバルを設ける「深夜→深夜→休日→準夜→準夜」の新シフトならば疲労軽減できるかもしれないという結論に至りました。また、この新しいシフト編成は従来のシフトと比べて、労働時間（残業時間含む）や休日の日数が増えることはありませんでした。つまり、休日の配置を変えただけのシフトなので、他の3交替逆循環のシフトを導入している職場にも水平展開できるシフトでした。調査の結果を**図5－Ⅸ－2**に示します。疲労やストレス等の指標に介入効果も認められた上に、協力の得られた病院では現在でも介入シフトとして提案した働き方を実践しているとのことです[3]。

　この調査事例ではさまざまな測定指標を用いていますが、職場の疲労カウンセリングを産業保健スタッフが自分の会社で実践する場合は、ここまでの測定指標は不要だと思います。高価なデバイス等を使用しなくても、改善に結びつくためには変化が見える化できれば良いので、紙媒体あるいはWEBによるアンケートなどで十分だと思います。最近ではGoogleやMicrosoftの機能の中に無料で簡単にアンケートができる機能が追加されているので、こちらを活用することをお勧めします。「労働者の疲労蓄積度自己診断チェックリスト」（詳細は第5章のⅣ（76ページ））も無料で活用でき

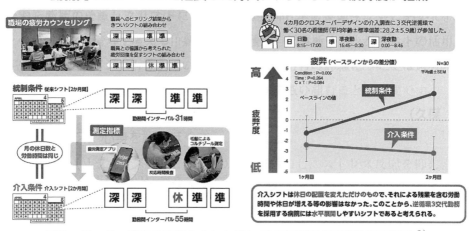

図5－Ⅸ－2　職場の疲労カウンセリングの実践例（交替勤務看護師）[2]

る指標なのでお勧めです。また、その際は、同じ対象者を経時的に介入の前後で複数の時点で測定することが望ましいでしょう。結果については介入したグループ（あるいは介入したとき）と、介入していないグループ（あるいは介入していないとき）の平均値と標準偏差（バラツキの指標）を示して比較すると良いでしょう。統計解析としては2要因の分散分析（条件［介入条件、介入なし条件］×時点［介入前、介入後］）で、同じ対象者が介入と介入なしを経験した場合は「繰り返しのある分散分析」、介入条件と介入なし条件で違う人であれば、ただの「分散分析」になります。

●安全衛生委員会での実践事例

次に紹介するのは私の所属する労働安全衛生総合研究所の安全衛生委員会の事例ですので、先ほどの事例よりも読者の皆さんには身近な例かもしれません。私は研究所の労働組合の委員長でもある関係上、毎月の安全衛生委員会に参加しています。その中で私が心がけているのは委員会が行われる前に図5-Ⅸ-3のような匿名でのWEBアンケートを組合員に向けて実施し、委員会で取り上げてほしい健康や安全に関係することを募集して、委員会での議題にすることです。他の会社のことはよくわかりませんが、よく耳にするのは安全衛生委員会では報告事項ばかりで委員からは何も意見が出ずに終わってしまうというようなことです。それを聞いて私は非常にもったいないと感じています。その理由としては、安全衛生委員会をうまく活用することが自分たちの職場の疲労対策を推進し、ひいては職場の活性化につながると思っているからです。そこで安全衛生委員会での職場の疲労カウンセリングの一例を紹介しま

■職員のニーズに基づいた職場環境改善

オフィスコンビニの導入→

←ハラスメント防止ポスターの掲示

図5-Ⅸ-3　安全衛生委員会での実践例

す。

　組合員へのWEBアンケートによって、ハラスメントの問題や、研究所が山の上にあるので小腹が空いたときや弁当を買い忘れたときに不便だという意見が寄せられました。そこで「ハラスメント防止のポスター掲示」や「オフィスコンビニの導入」を組合や安全衛生委員会主導で進めたものが図5－Ⅸ－3の右側の写真です。ちなみに、オフィスコンビニは電気代だけで導入費は無料でした。最近ではハラスメントの問題に対しても、①ハラスメント被害の有無、②ハラスメント被害を目撃したことの有無、③ハラスメント対策でニーズの高いものは何か？、④無料のストレス尺度（PHQ-9）などの項目を匿名でアンケート調査して、職場の環境改善に役立てています。付け加えますが、上記の活動は全てローコストで実施可能です。

　本節の冒頭（110ページ）で皆さんに投げかけた問いに対する私の中での答えは「NO」です。これまでも述べてきたように、各職場における有効な疲労対策は職場の特性やそこで働いている人たちのニーズを踏まえなければ成り立ちません。例えば「睡眠を取りましょう！」という対策を打ち出しても、交替制勤務を採用している職場や長時間労働が横行している職場ではお題目だけの標語になってしまうでしょう。そういった問題に対応する意味でも、本節では自主対応型の疲労対策として「職場の疲労カウンセリング」の手法や実践例、そしてその重要性について紹介してきました。上述したように私の予測では、私たちの暮らし方、働き方は今後、想像以上に早いスピードで変化していきます。そして、その中で生じる新たな産業保健上の問題に対処するには、それぞれの職場の特性を踏まえて、現場で働く人々のニーズに基づいた対策が今以上に重要になってくると思います。その際、小木の言葉を再度、借りるならば、①ローコストですぐに実践できるような工夫、②元々職場にある改善のための芽を掘り起こすこと、③悪い部分を指摘するのではなく、良好事例を集めて良い側面を伸ばすことといった3つの点が大切です。また、読者層の多くを占める産業保健スタッフの方々は、従業員の顔や声を知ることのできる立ち位置で職場の問題を改善につなげられる最前線に立っています。したがって、本節で紹介したこと、私の訴えたかったことが少しでも日々の産業保健活動にお役に立てるのであれば大変、嬉しく思います。

（久保　智英）

【参考文献】
1) Browne RC. (1973). Safety and health at work: The Robens Report. *Br J Ind Med*. 1973 Jan; 30(1):87-91. PMCID: PMC1009483.
2) 小木和孝、川上剛（2023）『職場が変わる：働きやすくする参加型改善』現代書館
3) Kubo T, Matsumoto S, Izawa S, Ikeda H, Nishimura Y, Kawakami S, Tamaki M, & Masuda S. (2022). Shift-Work Schedule Intervention for Extending Restart Breaks after Consecutive Night Shifts: A Non-randomized Controlled Cross-Over Study. *International journal of environmental research and public health*. 19(22):15042. https://doi.org/10.3390/ijerph192215042

おわりに

　本書を執筆できたのは私の良き仲間たちと家族のお陰です。今回紹介した数々の研究が実施できたことは多くの人々の支えがあったからです。この場を借りて心から御礼申し上げます。

　実は私は6年前に舌がんで舌の半分を切除して、左手の皮膚の一部を移植するという大病を経験しました。その当時、家族や友人、同僚たちからは本当に心配していただき、お見舞いに来てくれたりもして今でも感謝しています。しかし、当人としては「まぁ、仕方ない。人生、そんなこともあるよね」といった感じで結構、平然としていました。また、呆れられるかもしれませんが、交替制勤務に従事する看護師を研究してきた身としては、患者という視点で看護師の働き方を観察できたことは、とても良い経験だとも思っていました。しかも、その時、入院していた病棟の看護師長の益田早苗さんや他の看護師の方々とも仲良くなり、元気になったら労働環境の改善のために調査に協力してほしいという約束までして、実際に退院後、調査を実施して論文まで執筆しました。私の無理を聞いて病棟を巻き込む調査に協力してくれた益田さんにはお礼の言葉もありません。本当にありがとうございました。そして、その調査はちょうどコロナが流行していた頃で、まだワクチンがなかったため、調査の実施を迷いました。しかし、危険を恐れず、同行してくれた仲間たちにはどのような表現で言い表しても表現できないぐらい大きく感謝しています。ただ、やはり、退院してから2、3年は舌を切除しているのでちゃんと喋れないとか、唾液が出ないから講演する際はペットボトルの水を手から離せない、再発するかもしれない？　など、気を病むことも多少はありました。しかし、今振り返ると、私の半生は失敗の繰り返しで、舌がんになった時も、大学受験に失敗した時も、大学院の受験や大学時代の失恋、大学生の際、酔っ払って粗相をして仲間に迷惑をかけた時、修士論文提出の間際に解析ミスが見つかって私に研究のイロハを教えてくれた師匠からとても怒られた経験などなど、他人から見れば失敗し過ぎな半生ですが、何とか生きて本を出版するに至りました。

　そして、失敗しても何とかやっていく秘訣は「やり続けること、前に進むこと」です。本書の全体に散りばめたメッセージはまさにそれです。何でもそうなのですが、職場の問題を解決するには1つの対策で全て上手くいくことは絶対にありません。何でもよいのでやり続けることが大事で、0（ゼロ）はどこまで行っても0のままなの

で0を1にすることこそが改善の一歩です。そうすれば、いつか1が10になり、10が100になるので失敗を恐れずに0を1にする、これが私の失敗だらけの半生で得た教訓です。

　そして最後に本書の執筆の機会を与えて頂いた中災防の皆様、特に的確なアドバイスで編集作業を進めてくれた佐藤美咲さん、いつも私のくだらないオヤジギャグへの対応や日々の業務を支えてくれている玉置敦子さん、共同執筆者として協力してくれた仲間たち、妻と子供たち、そして苦労して私を大学院まで出してくれた私の両親に改めて深く御礼申し上げます。

2025年3月

久保　智英

執筆者一覧

(所属)
独立行政法人　労働者健康安全機構
労働安全衛生総合研究所
過労死等防止調査研究センター　現場介入チーム

上席研究員　久保　智英
(専門：産業疲労)

第1章、第2章、第3章Ⅰ、
第5章Ⅰ・Ⅱ・Ⅳ～Ⅶ・Ⅸ

主任研究員　松元　俊
(専門：産業疲労)

第3章Ⅱ、第5章Ⅷ

主任研究員　池田　大樹
(専門：睡眠心理学)

第3章Ⅲ・Ⅳ、第4章Ⅱ

上席研究員　井澤　修平
(専門：産業ストレス)

第5章Ⅲ

研究員　　　西村　悠貴
(専門：生理人類学)

第3章Ⅴ・Ⅵ

研究員　　　木内　敬太
(専門：産業保健心理学)

第4章Ⅰ・Ⅲ

■過労死等防止調査研究センター
(RECORDs：Research Center for Overwork-Related Disorders) とは

　過労死等防止調査研究センターをご存知でしょうか？　厚生労働省管轄の労働安全衛生総合研究所の中に2014年11月に設置された過労死等に関する研究を行う国内唯一の公的な研究センターです。英語で「Research Center for Overwork Related Disorders」なので、頭文字をとってRECORDs(レコーズ)という略称で呼ばれています。

　RECORDsの調査研究は、過労死等労災事案の分析(医学、心理学、社会科学にわたる学際的取組)、過重労働に関する疫学研究(職域コホート研究、現場介入調査研究)、過重労働に伴う健康障害に関する実験研究(循環器疾患の背景、心肺持久力の指標開発)、RECORDsの研究成果を企業とコラボして実装していく実装研究から構成されます。

　RECORDsの研究活動によって得られた研究成果を発信するポータルサイト

▶ https://records.johas.go.jp/

■編著者略歴

久保　智英（くぼ　ともひで）
独立行政法人　労働者健康安全機構　労働安全衛生総合研究所
産業保健グループ／過労死等防止研究調査センター
上席研究員

2003年3月　中央大学文学研究科心理学専攻にて修士（心理学）、2007年10月　名古屋市立大学医学研究科にて博士（医学）を取得。2008年4月　（独）労働安全衛生総合研究所に任期付研究員として着任。2017年4月より上席研究員。2011年2月　フィンランド労働衛生研究所にて客員研究員。2020年4月より　Journal of Occupational Health／産業衛生学雑誌のField Editor（人間工学領域）。2022年10月から日本産業衛生学会の代議員、2024年4月からWorking Time SocietyのBoard Member（理事）。労働者の疲労蓄積度自己診断チェックリスト（2023年版）の見直しに関する検討委員会に参画。専門は産業保健心理学、睡眠衛生学、労働科学。現在は勤務間インターバル、つながらない権利、夜勤・交替勤務対策や自主対応型の疲労対策としての職場の疲労カウンセリングの研究に従事。

「疲れたら休む・休める・休ませる」を実現するために
職場の疲労対策のヒント

令和7年3月19日　第1版第1刷発行

編　者　久保　智英
発行者　平山　剛
発行所　中央労働災害防止協会
　　　　〒108-0023
　　　　東京都港区芝浦3丁目17番12号
　　　　　　　吾妻ビル9階
　　　　電話　販売　03(3452)6401
　　　　　　　編集　03(3452)6209
印　刷　モリモト印刷株式会社
表紙デザイン・イラスト　株式会社トライス

落丁・乱丁本はお取り替えいたします。　　　Ⓒ JISHA 2025
ISBN978-4-8059-2188-3　C3060
中災防ホームページ　https://www.jisha.or.jp/

 本書の内容は著作権法によって保護されています。
本書の全部または一部を複写（コピー）、複製、転載
すること（電子媒体への加工を含む）を禁じます。